オーギュスト・ペレとはだれか

吉田鋼市

王国社

オーギュスト・ペレとはだれか　目次

はじめに

三十五年前の一九八五年に『オーギュスト・ペレ』（鹿島出版会、ＳＤ選書１９６）という本を書いた。いま読み返してみると気恥ずかしいようなところもあるが、当時としては、当たれる限りの文献に当たり、その建築作品も、ほとんどすべて見てがんばって書いたものである。ペレはこれで卒業と考えていたが、二〇〇〇年頃から《Les frères Perret, l'oeuvre complète》(Edition Norma, 2000、以下『ペレ兄弟全集』と記す）と《Encyclopédie Perret》(Edition Moniteur, 2002、以下『ペレ百科事典』と記す）という二つの大著をはじめ、いくつかの大部なペレ関連文献が新たに出版され、前著に多少は補筆したほうがよいような気がしてきた。最近のこのペレ研究成果の相次ぐ出現は、国立工芸学院にペレの死の二年後の一九五六年に設けられていたペレ文庫の資料が、一九八九年に国立古文書館に移され、一九九〇年代にはゲティ財団の補助金も得て体系的に資料が整理し始められたことに基づく。つまり二十一世紀になってようやく、ペレの全貌が明らかになりつつあるということである。ル・コルビュジエが「ル・コルビュジエ」と名付けた希代の創作媒体を確固たる歴史的存在たらしめようと生前から編集・構築してきたのとは大いに異なる。ペレの提示するテーマは革新に加えて伝統の持続と継承にもあったが、その両方を十分に再考する機会をようやくにして与えられたということであろう。

それに、前著ではほとんど触れる余裕がなかったペレと日本との関わりについても書いておきたいと思うようになった。幸い、二〇一二年に日本建築学会建築歴史・意匠委員会の近代建築史小委員会でペレと日本の関わりについて話す機会を与えられ、「オーギュスト・ペレと日本——コンクリートの詩情と景観の非断絶性」というタイトルで話した。この二つが本書を書く原動力となったが、主たる目的は「ペレと日本」の記述のほうにある。

当初、鉄筋コンクリート造の建築的作品のパイオニアとして知られたペレは、後に古典主義的な鉄筋コンクリート造作品の大家と知られるようになった。その両方の時期のペレの作品は、強い印象を伴って世界中に流布し、その模倣的な作品をたくさん生み出しており、もちろん日本にも相当な影響を及ぼしている。「模倣的」と言ったのは、通常のモダニズムに則ったものはみな似たようなものだから、とりわけどれがどの「模倣的」作品だとは容易には言われないし、一九三〇年代以降に世界中で盛行した古典主義的な作品も似たような雰囲気を持っているけれども、ペレの作品には完成された独特の風格とも言うべき特徴があり、それらの作品がペレの影響を受けていることがはっきりとわかるからである。その特徴というのが、柱身にフルーティングに似たような溝彫りをもち、時に柱頭飾りをもつオーダー柱を思わせる円柱、モールディングに似た細部をもつコーニス、開口部を飾る幾何学的な造形をもつプレキャストコンクリート部材（それをペレ自身は「クロストラ claustra」と呼んでいる）、そして古典主義的なプロポーションをもつ輪郭である。

そうした作品は世界中で見られるが、日本にもいくつかある。先述の『ペレ百科事典』にも「日本」という項目が設けられていて、東京女子大学礼拝堂などのレーモンドの作品が紹介されている。また、森田慶一の作品にもペレの古典主義的な作品の影響がはっきり見られるものがある。後に、これらペレの影響を受けた日本の作品を詳述するが、日本の建築家たちがペレをどうとらえたかにも触れ、さらにはペレの今日的価値――つまりは歴史の断絶ではなく継承――についても述べたい。それはまた、鉄筋コンクリート造の建築の保存の問題にもつながるものと思う。

一、オーギュスト・ペレの生涯と業績

オーギュスト・ペレが生まれたのは一八七四年二月一二日、亡くなったのは一九五四年二月二五日。ほぼきっかり八十年の生涯であった。ペレ家はフランスのブルゴーニュ地方の代々の石工の家系で、オーギュストの父クロード＝マリ・ペレ（一八四七〜一九〇五）もブルゴーニュ地方の小村セヌセ＝ル＝グランからパリに出て建築施工業を営んでいる。父親は一八七一年のパリ・コンミューンに身を投じ、コンミューンの敗北とともにベルギーのブリュッセルに亡命する。彼は欠席裁判で死刑の判決を受けるが、有罪判決を受けたもののうち死刑判決を下されたのは二パーセントほどだったというから、クロード＝マリ・ペレも相当な闘士的コミュナールだったことになる。オーギュストが生まれたのは、この父親のベルギー亡命時であり、ブリュッセルのイクセル地区ケイエンヴェルト通り五七番地がその生家であった。そこに一九五〇年、オーギュスト・ペレ生誕の銘板がとりつけられている。その銘文は「鉄筋コンクリートに初めて建築的スタイルを与えしフランスの建築家、フランス学士院会員オーギュスト・ペレ、一八七四年二月一二日ここに生まる」というものである。生涯の協力者である弟のギュスターヴ・ペレ（一八七六〜一九五二）とクロード・ペレ（一八八〇〜一九六〇）が生まれたのもこのブリュッセル亡命中であった（図1–1、2、3）。ペレ家がパリに戻るのは、パリ・コンミューン関係者に対する特赦が出た一八八〇年の翌年の一八八一年であり、翌一八八二年には父親は施工業を再開している（前著ではパリ帰還を一八八三年としていたが、『ペレ兄弟全集』に基づいて訂正）。オーギュスト・ペレは一八九一年にエコール・デ・ボザールに入学し、ジュリアン・ガデ（一八三四～一九〇八）のアトリエに入る。ガデのアトリエは三つの公式・学内アトリエの一つで、それが故に父親が薦めたとされる。学外・自由アトリエはいくつもあって、それらはボザールに入るための予備校の役割も果たしていた（公式アトリエの主宰者は専任教授、学外アトリエの主宰者は客員教授と考えるとわかりやすいかもしれない）。ガデは長年ボザールの建築理論の講義を担当しており、その講義録があの名高い『建築の諸要素と理論』全四巻である。これは、最後のボザール流建築体系本とも称されるものであるが、「諸要素」とは壁・窓・門・屋根・階段等々のことであり、円柱・柱礎・柱頭・エンタブレチュア・ペディメントといったオーダーに関するものではなく、それなりに時代の要請に応じた建築学体系と見なすべきものである。ボザールも単純な保守反動の牙城ではなく、当然ながら時代と共に変わっていた。

ともあれ、ペレがボザールの中枢アトリエに属し、典型的なボザールの教育を受けたことには違いがない。当時のボザールの学生はみなローマ大賞受賞をめざしたが、ローマ大賞の獲得にはアトリエのメンバー全体の支援が必要であった。とはいえ、中枢アトリエに属すことが受賞を有利にしたわけではなかった。実際のところ、ガデのアトリエからのローマ大賞受賞者は三十六年間にわずかに三人で、ペレも二度ローマ大賞に挑んでいるが、いずれも第二次選考の段階であえなくダウン。ローマ大賞はダメだったが、そのほかの学内コンクールでは優秀な成績を収め（こうしたコンクールに提出した作品によって単位を獲得する仕組みであった）、途中一年間の兵役を含めて十年間在籍しながらも、一九〇一年にボザールを退学している（図1-4、5、6）。つまりは中退であるが、これは卒業設計に相当するものを提出しなかったというだけのことで、当時はローマ大賞獲得によらない卒業といわゆる中退とに確たる資格の差があったわけではない。卒業をすると「D.P.L.G.」（政府公認）の建築家という肩書が得られるが、ペレの時代にはまだその普及期であった。

ついでに、ローマ大賞の選考法について少し触れておく。その選考法も時代とともに変わっているが、ペレの時代はまず十二時間のエスキスを課した第一次選考で三十人にしぼった。次に十二時間の平面計画が課され、さらに第三次選考で二十四時間のさらに詳細な図面が要求されて十人の候補者にしぼられる。ここまで勝ち残った十人は、定められた部屋に泊まり込んで二、三カ月の期間で最終図面を平面図・立面図・断面図にして提出、それによって大賞、二等一席、二等二席が決定された。三月の第一次選考から九月の最終選考にわたる長丁場のイベントであった。透視図は要求されず、ましてや模型をつくることはなかった。ボザールの建築が机上の絵にすぎないと非難された理由の一つがここにある。ただし、立面図には精密な影を施したリアルなものが描かれた。大賞をとると、何年間かのローマのヴィラ・メディチへの留学が可能となった。ローマ大賞の名もそれに基づく。建築のみならず、絵画、彫塑、版画それに音楽の受賞者もローマに留学したのである。二等でも短期間のローマ留学が可能で、最終選考の十人は決められた部屋（ロージュ）に入るので「ロジスト」と呼ばれ、それだけでも大変な名誉だったらしい。自分の著書の肩書に「元ロジスト」と記す人が多いからである。

さて、退学の翌年にペレはジャンヌ・コルドー（一八七七〜一九六四）というエコール・デ・ザール・デコラティフ（国立高等装飾美術学校）に通っていた女性と結婚している（図1-7）。なお、弟のギュスターヴもボザールに進学し、兄ほどではなかったもののそこそこ優秀な成績を残しながらもやはり中退している（図1-8、9）。前著『オーギュスト・ペレ』では「一応卒業したらしい」と書いたが、当時はそのことにはっきりと言及した文献を見つけられなかったからである。ほとんどどうでもよいことだったからであろう。

しかし、いまは『ペレ兄弟全集』(18頁)も『ペレ百科事典』(16頁)も兄弟とも中退と書いている。それから、クロードは建築を学んでおらず、父親の施工業を受け継ぎ、後にはペレ事務所の渉外・会計等の事務を担当している。

オーギュスト・ペレの建築作品としては、フランクラン通りのアパート(一九〇四年、前年の五月に起工しており、一九〇三年とする文献も多いが竣工はこの年)(図1―10、11、12)とル・ランシーのノートル・ダム教会(一九二三年)(図1―13、14、15)が最もよく知られているであろう。前者は、彼の最初の作品ではないけれども(一九〇二年のヴァグラム通りのアパート(図1―16)のほかいくつか仕事をしている)、ポンテュー通りのガレージ(一九〇七年、一九七〇年取り壊し)(図1―17、18)と並んで、近代建築通史を彩る常連のアイテムである。S・ギーディオンはこれの重要性を「鉄筋コンクリートを初めてアーキテクトニックな表現手段として用いた」点にあるとしたが、「アーキテクトニック」と巧みな形容をしてはいるが、これを「建築的」とか「芸術的」に変えたほうがおよそはっきりする。つまりは、単なる構築物やビルディングではない最初の鉄筋コンクリートの建築作品だということである。実際のところ、屋上庭園の設置と階段室のガラスブロックによる採光は別にして、表面には葉模様や円形模様のタイルがびっしりと張られており、シンプルなファサードとは言い難い。このタイルはアレクサンドル・ビゴ（一八六二〜一九二七）の制作になるもの。また、ペレは鉄筋コンクリートをすでにサン・マロのカジノ（一八九九年、一九四五年解体）の床で用いており、そこで鉄筋コンクリートの大きな可能性に気づいたという。なお、ペレ父子会社は設計・施工の両方をすることもあったが、このフランクラン通りの施工はラトロン・エ・ヴァンサン社によるものである。ついでながら、建築家と施工業者の混同を断つための動きは、フランスでも十九世紀以来ずっと行われていたが（ペレがボザールを中退したのもそれ故だとする説もある）、この二つの職能分離が法的に明確になるのは一九四〇年以後のこととされる。現にペレも建築家と施工業者の両方の印を使用しており、ル・ランシーの教会もペレの会社の設計・施工である。

ポンテュー通りのガレージもファサードは比較的シンプルではあるけれども、コーニスなど古典主義建築の枠組みを想起させるし、中央部分にはゴシックのバラ窓を思わせるガラス窓を持っていた。近代建築史の記述も結局は従来の建築観をまったくは捨て去っていないということであるが、フランクラン通りのアパートとポンテュー通りのガレージが最初期の鉄筋コンクリート造の印象的な作品であることは誰も否定しないであろう。これを「美的なコンクリートへの最初の試み」とする評がしばしば見られるが、ペレの作品には、この美学と歴史との断絶性ではない継承性が当初から貫かれているのである。

ル・ランシーの教会は鉄筋コンクリート造による教会建築の雛形を提示したものとしてその影響力は大きかった。その竣工と同年の一九二三年に創刊された『アルシテクチュール・ヴィヴァント』誌の創刊号は、この教会を紹介するために刊行されたようなものであり、この作品を世界中に広く知らしめた。日本においてペレの存在を知らしめたのもこの作品によるところが大きい。この作品は、打放しのコンクリートとプレキャストのコンクリートパネルだけで、非日常的で厳粛なモニュメントが作れるということを示したという点でも印象的であった。それまでの鉄筋コンクリート造の建物はおおむね住宅や工場などの実用的なものに限られていたからである。これが当時「鉄筋コンクリートのサント・シャペル」と評せられた所以である。なお、ペレはル・ランシーによく似ており、規模的にはその六割ほどの大きさのモンマニーの教会（一九二六年）（図1−19、20、21）をはじめ、いくつかの教会建築を建てており、また晩年にはその総決算というべきサン・ジョゼフ教会（一九五三年）（図1−22、23、24）をル・アーヴルに建てている。このサン・ジョゼフ教会は、一九二六年に行われた聖ジャンヌ・ダルク教会コンペに応募して落選した案（図1−25）を復活させたものでもあった。

フランクラン通りのアパートとル・ランシーの教会以外のペレの主だった仕事をあげるとすると、シャンゼリゼ劇場（一九一三年）(図1-26、27)、パリ十七区の音楽学校の演奏会用ホール「サル・コルトー」（一九二九年）(図1-28、29)、海軍造船技術部庁舎（一九三一年）(図1-30)、パリ近郊ガルシュのヌーバール＝ベイ邸（一九三一年）(図1-31、32)、レヌワール通りのアパート（一九三二年）(図1-33、34、35)、国有動産保管所（一九三六年）(図1-36、37、38)、土木事業博物館（一九三七年、「イエナ宮」）(図1-39、40、41、42)、ル・アーヴル市庁舎（一九五二年）(図1-43、44)ということになるであろうか。

シャンゼリゼ劇場はフランス建築史の一大記念碑であるが、ペレにとっても一大転機となった仕事であった。つまりは、ペレのほんとうの出世作であり、アンリ・ヴァン・デ・ヴェルデ（一八六三〜一九五七）とのこの作品のオリジナリティーをめぐる論争や、その他様々なややこしい確執を経て、そのオーサーシップを勝ち取った作品である。その交渉の間に多くの芸術家との接触があったであろうし、ヴァン・デ・ヴェルデ的なアール・ヌーヴォー性あるいは広い意味での芸術的ロマンティシズムを捨てて古典主義的な感覚をより高めたであろう。そして、これに関わることによってフランスの建築界のみならず文化界における主要な地位を獲得するきっかけとなったものである。レヌワール通りのアパートは、フランクラン通りのアパートに代わってペレの生涯の事務所兼住宅となったところで、彼が亡くなったのもこのアパートである。ペレの死後、この建物に「その構築的天才によって一九〇三年以来、鉄筋コンクリートにいにしえの材料の高雅さを与えし建築家、学士院会員オーギュスト・ペレ（一八七四〜一九五四）、一九三二年よりその死までここに住まう」と記した銘板が付けられている（図1―45）。

フランス近代の建築家のなかでもペレはとりわけフランス的な建築家といってよいであろうが、その作品がフランスに限られるわけではない。モロッコのカサブランカにドック（一九一五年）（図1―46）、エジプトのアレクサンドリアのアギオン邸（一九二七年）とアリ・イェヒア邸（一九三九年）とカイロのエリアス・アワド邸（一九三八年）（図1―47）という三つの大規模住宅、アルジェリアのアルジェに集合住宅（一九四八年）を建てている（エリアス・アワド邸は、かつては実現に至らなかったとする文献もあって、前著では実際に建ったかどうかは定かではないと書いたが、実現したものの写真があり、確かに建てられている）。もっとも、モロッコとアルジェリアは当時植民地ではあった。それから、アルジェにバルビエ＝ユゴー病院（一九五五年）というものを建てているが、これは最初の設計は一九三六年で、その後いくどかの設計変更を経ているという。また、アルゼンチンのブエノスアイレスにゴッフル別邸（一九四〇年）というのを建てたらしいが、これはさすがの『ペレ兄弟全集』も実現のところに「?」を付している。詳細図があるから建ったにちがいないということらしい。ついでながら、一九三九年にアルジェの海岸地区エル・ビアールにペレが設計して実現しなかった集合住宅の透視図（図1－48）を見ると、重厚さや快適さなどなんらかの差異を表現しようとしている今日の日本の高層集合住宅に似ていて興味深い。

ペレは国際的なコンペにもいくつか応募している。ジュネーヴの国際連盟（一九二六年）（図1－49）とモスクワのソビエト宮（一九三一年）（図1－50）とトルコのアンカラのアタチュルク墓廟（一九四一年）（図1－51）である。フランス国内の大きなコンペ、ポルト・マイヨ再開発計画（一九三一年）（図1－52）にも応募したが、いずれも敗退している。彼は目を引くアクロバティックなものが要求されがちなコンペには向いていなかったかもしれない。

都市計画的な仕事としては、後に述べる世界遺産となったル・アーヴルの再建が周知のものであるが、その少し前にアミアンの駅前再開発計画も行い、一〇四メートル（アミアン大聖堂よりも少し低くしてある）の高さの高層住宅（一九四八年）（図1－53）を建てている。実現はしなかったが、高層都市のアイデアは、ずっと早くの一九〇五年に、二十階建てのビルが十分な間隔をあけて林立する都市案を語っているし、一九二二年には「塔状都市Villes-Tours」と題したネオ・ゴシック風のやや時代錯誤にも見える挿図も発表している（図1－54）。これは、『イリュストラシオン』という週刊新聞の一九二二年八月二十二日号の「現代都市の大聖堂群」というタイトルのジャン・ラバディエという人が書いた記事の中に掲載されたものである。その図には、「建築家オーギュスト・ペレのいくつかのエスキスに基づくジャック・ランベールによる構成」というキャプションがあり、これが当時のペレ事務所員ジャック・ランベール（一八九一～一九四八）が描いたものであることがわかる。わざわざ、このように書くということからして、ペレはこのネオ・ゴシック風の図の作者であることから少し身を引いていることが推察される。この記事にはル・ランシーの透視図（竣工の前年である）も掲載されており、そのキャプションは「建築家オーギュスト・ペレのデッサン」とあるからであり、実際ほぼ同時期にもっとモダンな調子の高層都市図も描いているからである。この記事はかいつまんでいえばパリもニューヨークのように高層化すべきだという内容であり、ウールワース・ビルを理想のビルとしてその航空写真を載せている。それにすり寄った挿図であろうか。とはいえ、ペレがこのネオ・ゴシック風の高層都市図を排除しなかったことは確かで、ここにも歴史の切断ではない歴史の連続性というペレの生涯のテーマを見ることができるのである。

それから、先にモロッコのカサブランカのドック（一九一五年）をあげたが、ペレは柱・梁の構造だけではなく、ヴォールトやシェルなどの構造で大スパンを架構した建築物をいくつもつくっている。パリのエスデール工場（一九一九年）（図1−55）、モンタテールの印刷工場（一九二一年）と鋳造工場（一九二一年）（図1−56）、パリのタピストリー工場（一九二三年）（図1−57）などがその主だったものであるが、晩年にスパン一〇二メートルのマリニャーヌの飛行機格納庫（一九五二年）（図1−58）もつくっている。これらがあまり取り上げられないのも不思議な気がするが、それらにおいてはペレは専ら実用性と経済性を優先したということであろうか。

ところで、八十年の生涯でペレはいくつ仕事を残したであろう。『ペレ兄弟全集』の通し番号は383である。しかしこれは、書簡等の建築作品でないものまで含んでいるから、正確なところはわからない。前の拙著では実現作品約九〇点、計画に終わったもの約四〇点、合計約一三〇点としたが、実現作品はともあれ、計画に終わったものの点数をもっと増やして訂正しなければならない。もう一つ気になりつつ判明しないものがある。『ペレ兄弟全集』の中に「展示会への参加」というリストがあり、そこに「日本の展示会　一九三二年、送付した写真のリスト」という記述があるが(366頁)、これがよくわからない。日本の展示会か博覧会かにペレが自分の作品の写真を送ったのであろうか。

さて、ペレ自身が書いた文章であるが、建築論なり建築観を記したものは非常に少ない。作品発表とその意図の表明とがセットになっているのが通常の近代の建築家の中では少数派である。後にも少し触れるが、彼は一九三五年から一九三九年にかけて二十巻として出版された『フランス百科事典Encyclopédie Française』のいくつかの項目を書いており、ペレは革新者としてよりも、むしろ大家として文章を書いたことになる(図1−59)。そのペレの唯一といってよい著書が一九五二年に出版された『建築理論への寄与』であるが、これも長いものではない。これは、彼が長年書きためていたアフォリズムをまとめたもので、最初は一九四七年にスイスの『ヴェルク』誌に掲載され、その後いくつかの他の雑誌に転載された後に、アンドレ・ヴァール社から100部限定で出版されたものである。そこから、いくつかペレの言葉をあげておこう。

彼は「構築construction」という言葉を好んで使った。これを「構造」としても、それほど違いはないが、「構造」というとすぐに"structure"が思い浮かぶし、この言葉は「施工」という意味もあるから、いっそ「施工」としたほうがすっきりするかもしれない。しかし、ここでは穏当に「構築」としておきたい。ペレはボザールに入学する前から父親の現場でしばしば仕事をしており、紙の上に絵を描くことが建築家の最大の仕事であった当時としては異例に現場をよく知った建築家であった。彼が「構築」を強調するのも、紙の上の建築家に対する批判がこめられているであろう。しかし、現場、すなわち施工業や不動産業に関わるチャンスに恵まれていたからこそ仕事ができたとも言える。フランクラン通りのアパートの施主もペレ家なのである。

その「構築」が入った主たるアフォリズムが「建築は空間を組織する芸術であり、その表現は構築による」「建築家が恒久的な条件をも一時的な条件をも満たすのは構築によってである」「構築は建築家の母国語である。建築家は構築を通して思考し語る詩人である」である。また『建築理論への寄与』の中ではないが、別のところで(『ラ・コンストリュクション・モデルヌ』誌1932年10月2日号の「建築：科学と詩」と題した文章)、「構築construireしない建築家、それは書くことができない思想家である」といった似たような発言もしている。

ペレはまた「骨組charpente」とか「骨格ossature」という言葉もしばしば使った。「今日の大きな建物は、骨格、つまり鋼鉄か鉄筋コンクリートの骨組をもっている。骨組は、建物において、動物における骨格に相当するものである。動物の骨格が、リズムをもち、均衡がとれ、対称的であり、種々の位置に配された種々の器官を含み、支えている如く、建物の骨組もリズムをもち、均衡がとれ、対称ですらあるように構成されねばならない。それは機能と用途が要求する、種々の位置に配された種々の器官と機関を含み得なければならない」「どの部分であれ、骨組を包み隠す者は、建築の唯一正当で最も美しい装飾を自ら断つことになる。一本の柱を隠す者は一つの誤りを犯している。見せかけの柱をつくる者は一つの罪を犯すことになる」がそれである。この「骨格」という言葉は、次節で述べるポール・ヴァレリーが『エウパリノスまたは建築家』の中で、パイドロスに「骨格のように妙に明晰で鮮明な驚嘆すべき器物」(ただし、この「骨格」はossatureではなくossementであり、骸骨のことである。また「妙に」はétrangementで単純に驚愕すべき程度のみを言っているものと思われる)と言わせ、ソクラテスに「人間の本性に完全に合致した一つの確実性」(いずれも森田慶一訳)と応じさせているものと通じるものであり、つまりは古典主義が尊ぶ規範の概念に通じるものであろう。

彼がリズムとかシンメトリーとか均衡とかいう古典主義的な美学的用語を用いていることはすでに示したが、「一時的な条件と恒久的な条件が満たされ、したがって建物が自然と人間とに従うならば、その建物は性格をもつであろう。それは様式をもつであろう。そしてそれは調和をもつであろう。性格と様式と調和は、真理を通して美へと導いて行く道の里程標なのである」と書いて、さらに古典主義的な理想を述べるのである。「性格caractère」「様式style」「調和harmonie」は、さらに古典主義的な概念である。「性格」は古くウィトルウィウスの「デコル」に遡り、「コンヴナンス」とも「ビヤンセアンス」とも表現された強力な価値概念であり、エコール・デ・ボザールの理論的支柱であったジュリアン・ガデも、それを「建物の印象とその課題の倫理的印象との一致」として重要視している。つまりは、建物がその社会の要求にふさわしい姿をしているということであり、個々の建物が「性格」をもち、さらに確固とした「様式」をもち、それを多くの人が認め使用することによって、その地域の建物が統一的な時代「様式」をもつことになるという考え方である。これを文章にたとえて、「性格」は文章の調子・雰囲気で、「様式」は文体と考えればわかりやすいかもしれない。文体をもつ作家というのは最高の褒め言葉であり、ペレの建築は確かに「文体」をもっているのである。

ついでながら、後に述べる「日本のペレ」とも評される遠藤於菟も一八九八年八月号の『建築雑誌』掲載の「日本造家學の進路」という論考の「第五章　結論」で「造家學の大意は一言を以て之を蔽へば　適當　Decorum, Bienséance. の一字に歸するなり」と書いている。この論考は遠藤が四年前に提出した卒業論文とほぼ同じらしいが（堀勇良「遠藤於菟」『日本の建築　明治・大正・昭和　10』所収）、この概念が日本の建築教育にすでに使われていたことを推測させる。

つまるところ、ペレの考え方は根底においてボザール的であることを抜けきれなかったといえる。古典主義とはギリシア・ローマに通ずる規範に則った理性と調和を尊重するものであり、その規範によって歴史的なつながりを求めるものであった。そして、ペレのアフォリズム集の最後が、「材料をも今日的な要求課題をも裏切らず、ずっとそこにあったように見える作品、一言で言えば平凡な作品をつくる人、そういう人は自分を満足だと感じ得るだろう。なぜなら芸術の目的は人を驚かせたり、人の心を揺り動かすことではないからである。驚きや衝撃は持続性のない反応であり、偶発的で逸話的な感情である。芸術の究極の目的は、人を満足から満足へと論理的に導き、感嘆を超えて静穏で深い喜びに至らせることなのである」なのである。

図1－1　晩年のオーギュスト・ペレ　1950年ころに撮られたとされる彼の75歳ころの写真。中肉だが背丈はやや低めで高い踵の靴をはいていたとされる。服装には気を用いておりダンディ。

図1－2　若きオーギュスト・ペレ　ボザールの学生時代で、19歳ごろのものと思われる。

図1－3　ペレ三兄弟　1897年4月に撮られたもの。右がオーギュスト、左がギュスターヴ、上にいるのがクロード。

図1－4　オーギュスト・ペレのボザール時代の課題作品　1891年11月の作品で着色図面。「要素分析 éléments analytiques」と呼ばれる課題で、イオニア式のポルティコ（柱廊）の立面図を中心に描き、下部に平面図を描いている。

図1－5　オーギュスト・ペレのボザール時代の課題作品
図1－4とセットになった作品でイオニア式のオーダーのディテールを描く。

図1－6　オーギュスト・ペレのボザール時代の課題作品
1891年12月の作品で着色図面。アテネのリュシクラテス記念碑の復元図面。

図1－7　オーギュスト・ペレ夫妻　1934年の写真で、彼は60歳。

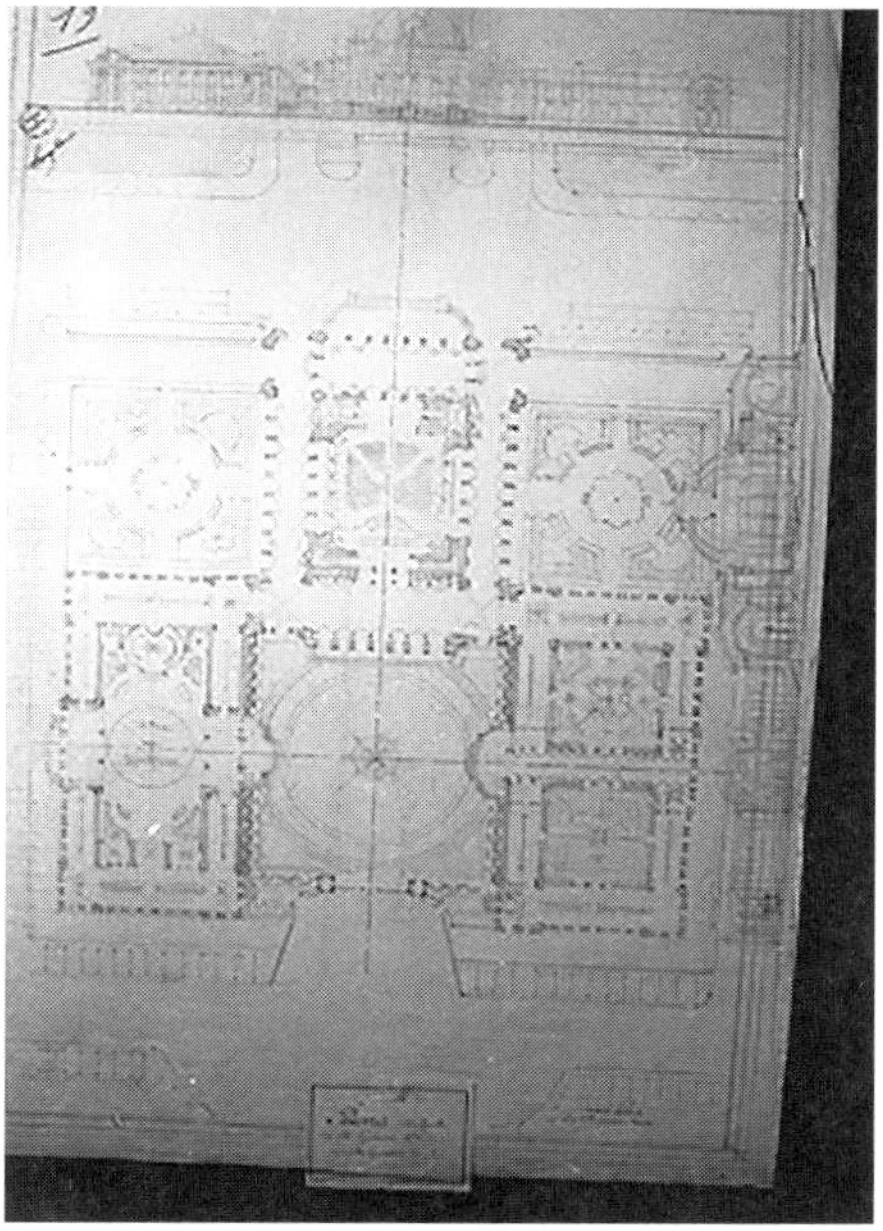

図1－8　ボザール時代のペレ兄弟の同一課題の図面
オーギュストの図面。課題は学校と思われるが、主軸と副軸に沿って要素を整然と配した平面図。右端に立面図が描かれている（国立工芸学院のペレ文庫時代の一九七五年に撮った写真）。

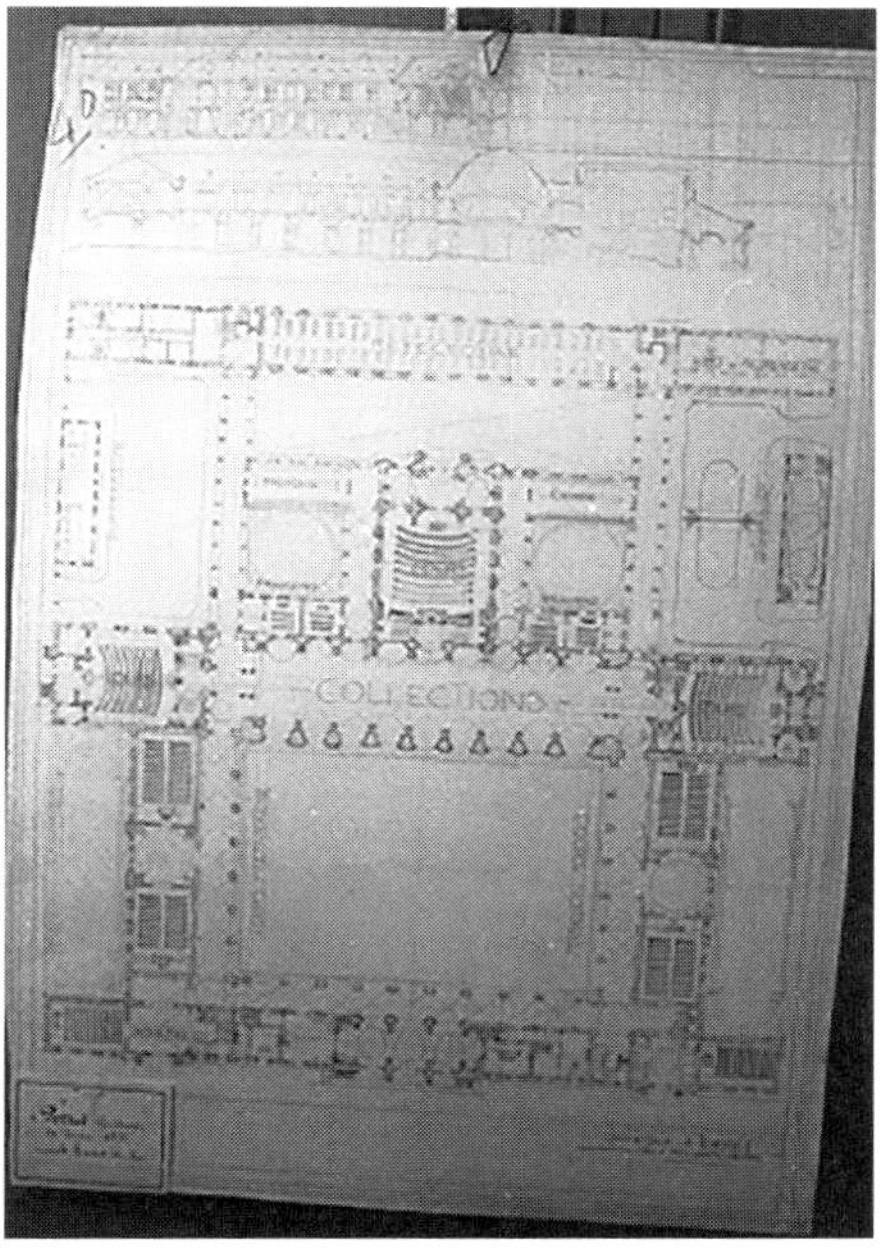

図1－9　ボザール時代のペレ兄弟の同一課題の図面
ギュスターヴの図面。上部に立面図が描かれている。平面図も立面図もオーギュストのものに比べて少し力強さに欠ける（同上）。

図1－10　フランクラン通りのアパート　ファサードの凹凸で各部屋の採光換気を可能にしている。施主はペレ家自身。1階が事務所で、最上階に住んだ。

図1－11　フランクラン通りのアパート　玄関ポーチ部分の見上げ。コンクリートはまったく露出されていないし、複雑な形のペンダント（垂飾り）も見られる。

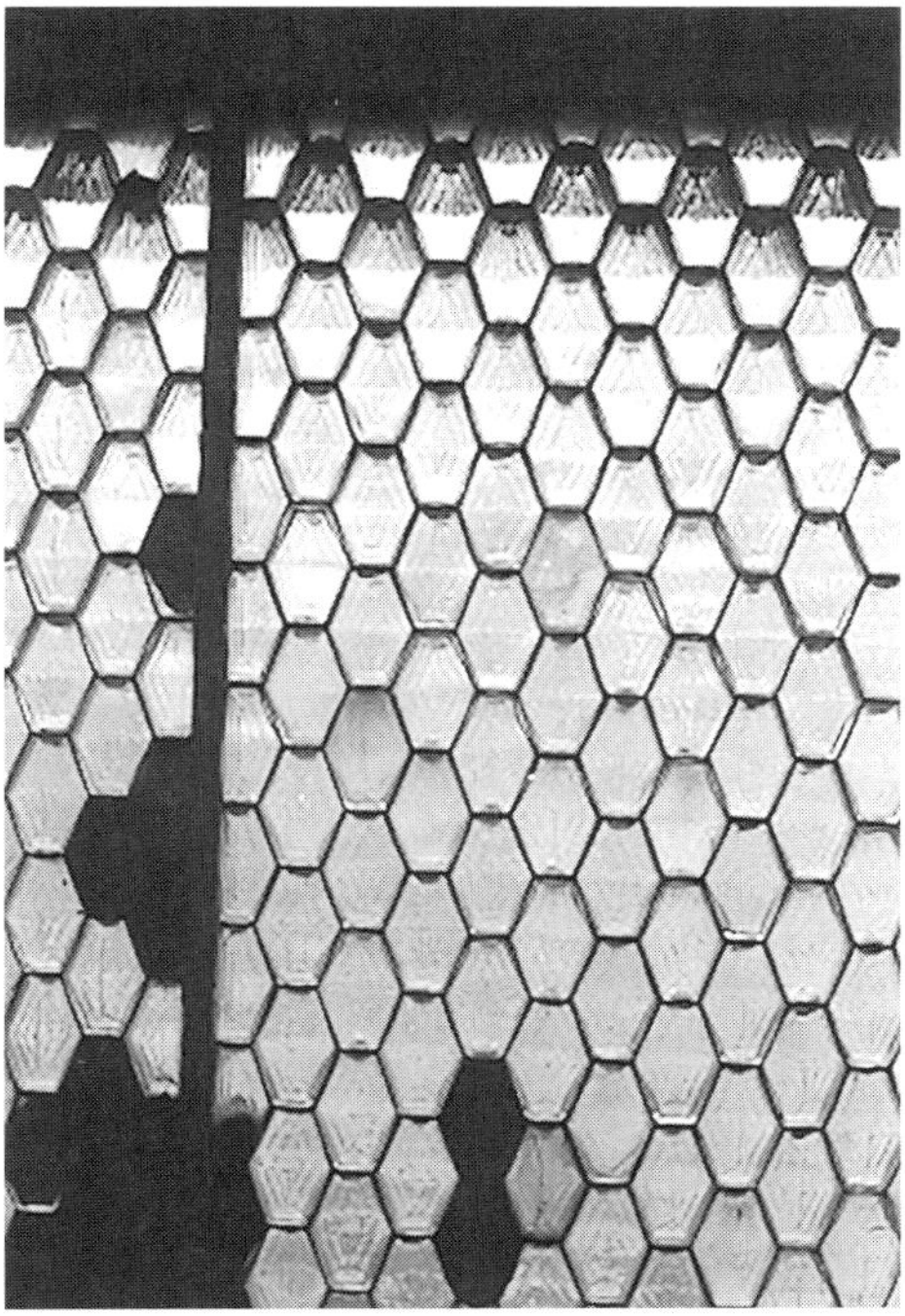

図1－12　フランクラン通りのアパート　1階階段室の採光用ガラスブロック。同じ六角形のものが、エクトル・ギマールのカステル・ベランジェ（1898年）にすでに用いられていた。

図1－13　ル・ランシーの教会　正面外観。修復後の2011年の写真であるが、たしかにコンクリートの部材がかなり取り換えられていて、昔よりもやわらかになったような感じがする。

図1－14　ル・ランシーの教会　外観の一部。クロストラはすべて取り換えられている。

図1－15　ル・ランシーの教会　内部。四列の柱（壁側の柱も壁から独立して立っている）が並んでおり、天井のヴォールトも左右の部分は方向を変えて架けられていて、平面上は身廊・側廊の形式をとっているが、天井高が同じなのでほとんど一室空間となっている。

図1－16　ヴァグラム通りのアパート　フランクラン通りのわずか1年前の仕事。石造7階建て。節度あるアール・ヌーヴォーと評すべきか。

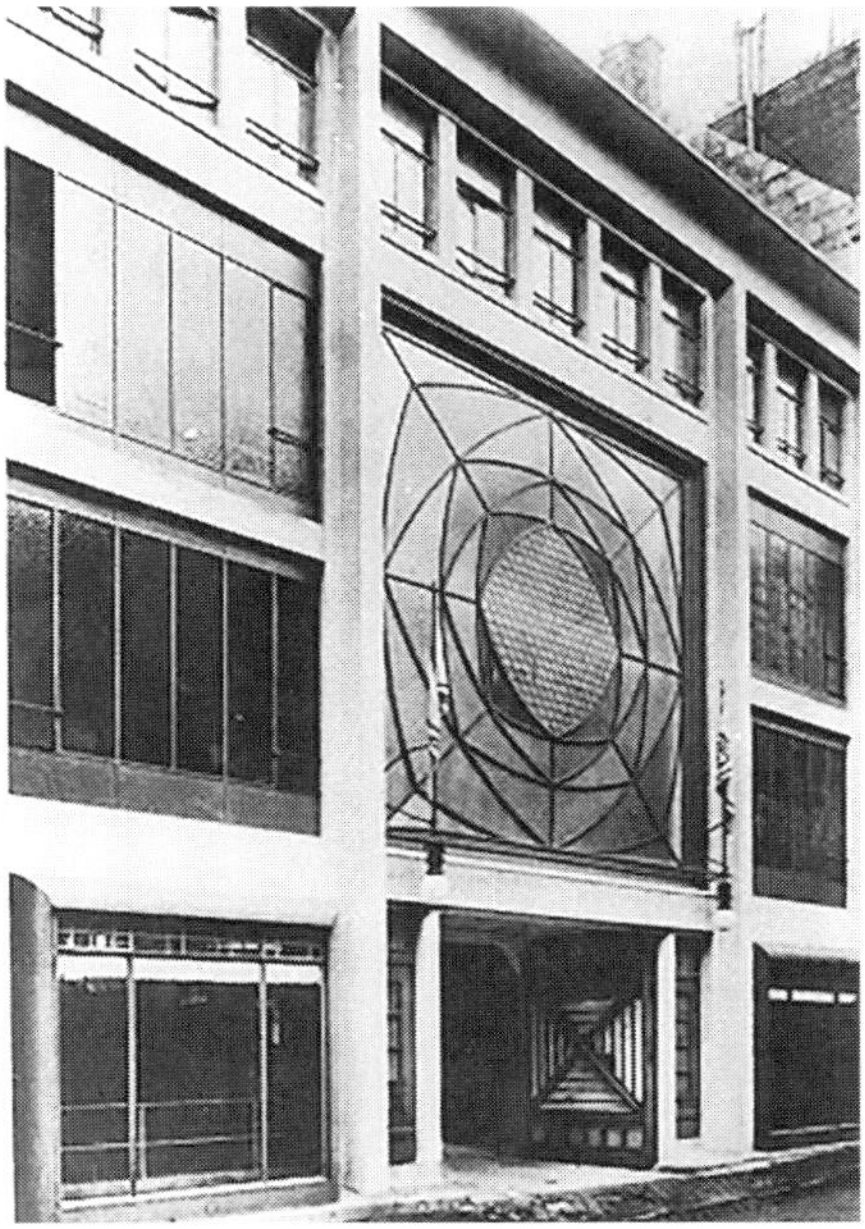

図1－17　ポンテュー通りのガレージ　コンクリートは塗装されただけで露出している。中央の2階分吹き抜けの正方形の窓は、ゴシックのバラ窓のようである。

図1－18　ポンテュー通りのガレージ　内部。自動車の車庫であり、車の販売・レンタルの施設だった。中央はトップライトであろう。

図1－19　モンマニーの教会　全体外観。塔もル・ランシーにくらべるとより単純。

図1－20　モンマニーの教会　外観細部。ル・ランシーとほぼ同じ。

図1－21　モンマニーの教会　内部。いわゆる単廊式で、天井のヴォールトも単一。

図1－22　ル・アーヴルのサン・ジョゼフ教会　全体外観。
中央の塔の高さは100メートル。

図1－23　ル・アーヴルのサン・ジョゼフ教会　外観細部。四角形のプランが八角形の塔へと変わるペンデンティヴ風の部分。

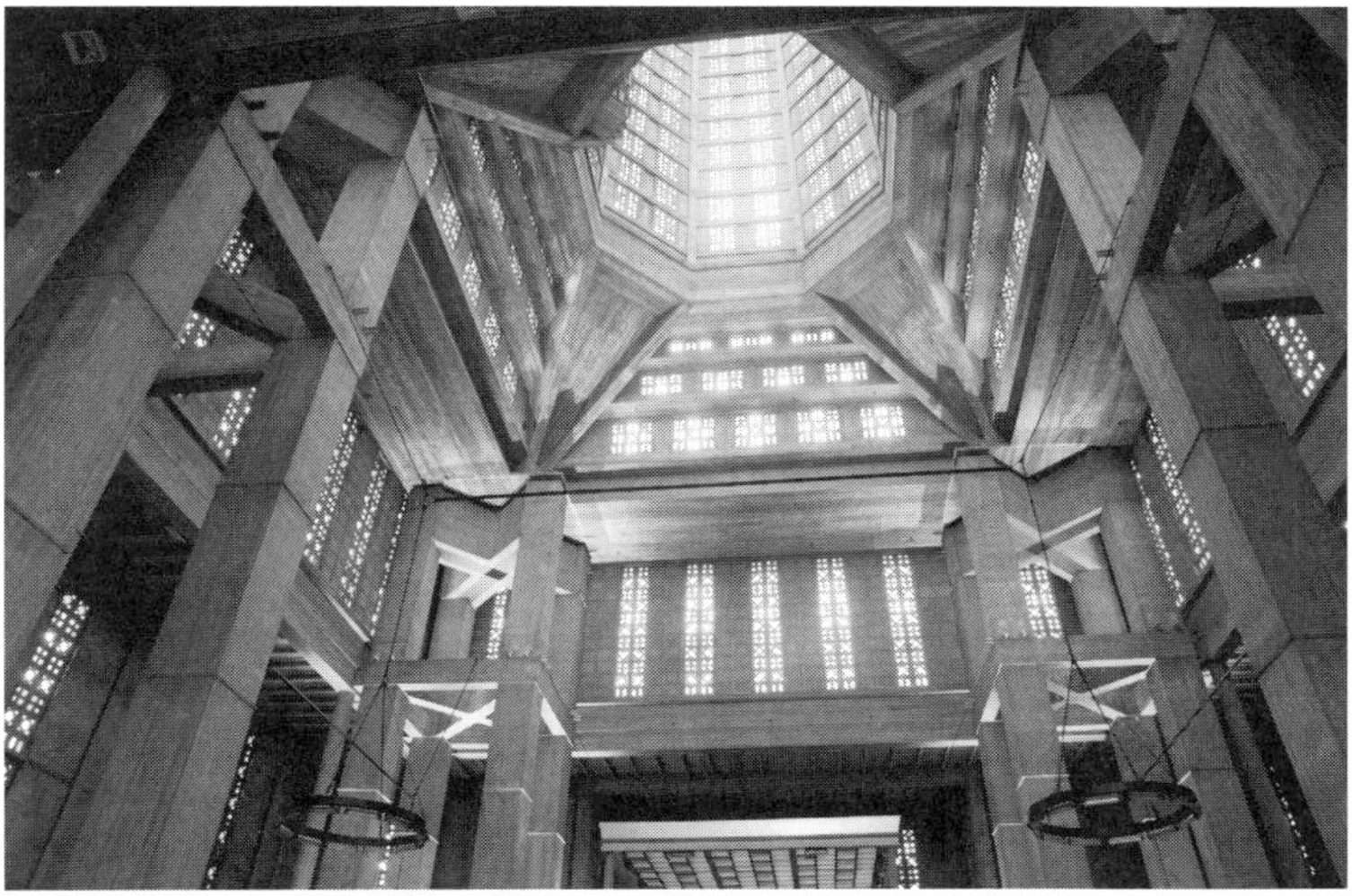

図1－24　ル・アーヴルのサン・ジョゼフ教会　内部。4本1組の4組の柱で支えられている。それぞれの柱の断面は1.2メートル四方で、高さは25メートル。

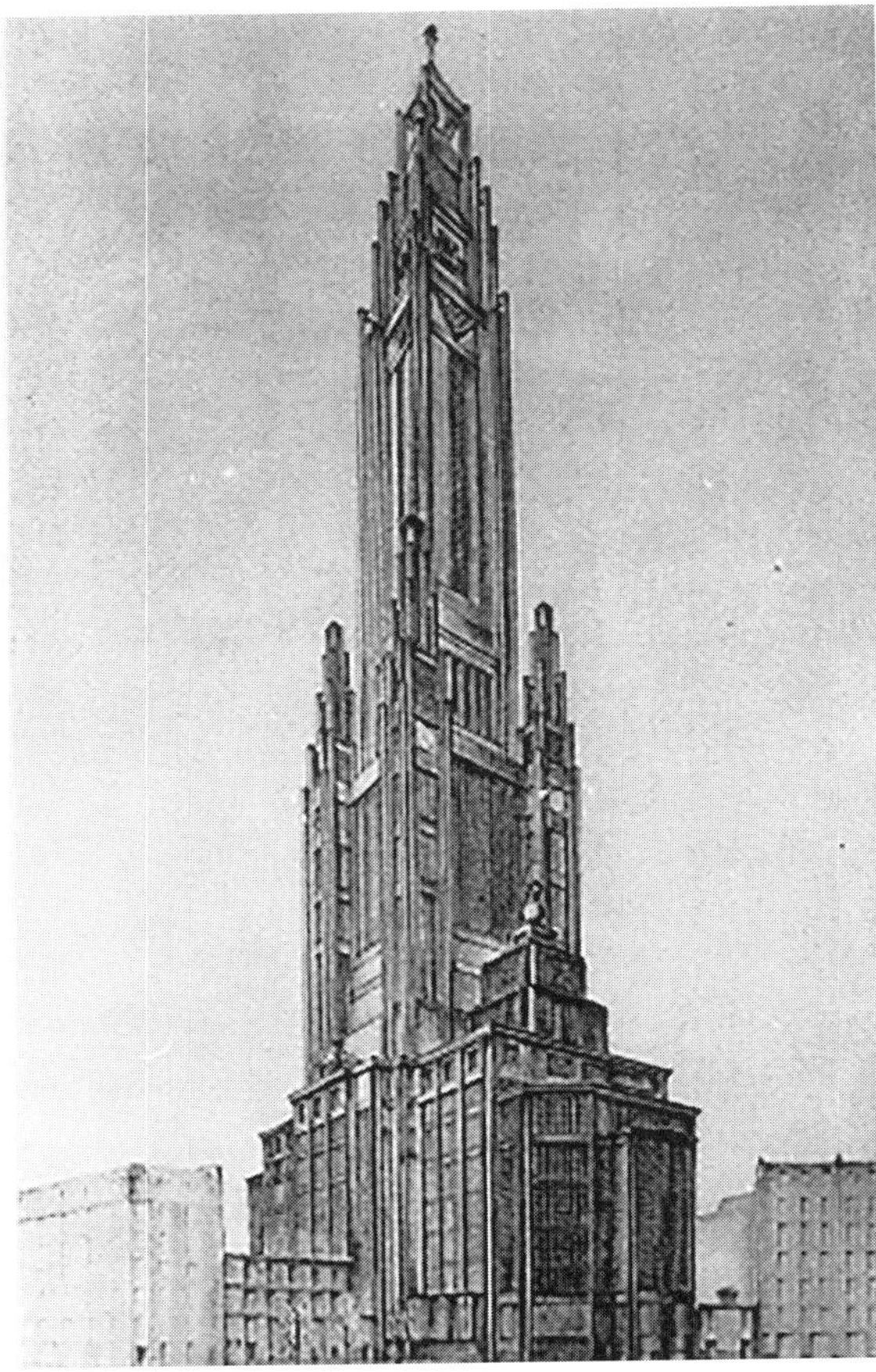

図1－25　ジャンヌ・ダルク教会コンペ応募案　塔の高さは200メートルを想定。ル・アーヴルの倍であり、外観もル・アーヴルよりもはるかに華麗。コンペには54人が応募。第一次審査で8人が選出されたが、ペレ案はそこにも入らなかった。

図1－26　シャンゼリゼ劇場正面外観。すぐれて古典主義的で整然としているが、当時は「装飾の徹底した冷厳さ」が批判された。

図1－27　シャンゼリゼ劇場内部ホワイエ。階段の手摺りの曲線模様以外は、直線的でシンプル。

図1－28　音楽学校演奏会用ホール「サル・コルトー」正面外観。パリ17区の音楽学校で、ホールの名はその創設者のアルフレッド・コルトーに因む。

図1－29　音楽学校演奏会用ホール「サル・コルトー」内部。奥行きのない狭い所に客席を立体的に配している。

図1－30　海軍造船技術部庁舎　コの字型の平面で、建築面積1800平方メートル、4階建て地下1階の大規模建築。ペレの建築言語の理想的な実現。

図1－31　ヌーバール＝ベイ邸　正面外観。パリの西郊外ガルシュに建てられた戸建て住宅。2階がピアノ・ノービレ（主階）になっていて、2階の階高が他の階よりも高い。

図1－32　ヌーバール＝ベイ邸　庭園側外観。3階に円弧形に張り出したバルコニーがある。

図1－33　レヌワール通りのアパート　全体外観。高低差がかなりある2つの通りが鋭角的に交わる三角形の敷地に建つ。12階建て地下1階。3階がペレの事務所で、11・12階が彼の住まい。

図1－34　レヌワール通りのアパート　外観、入り口部分。玄関上部の彫像は、アンドレ・アバルの作品。

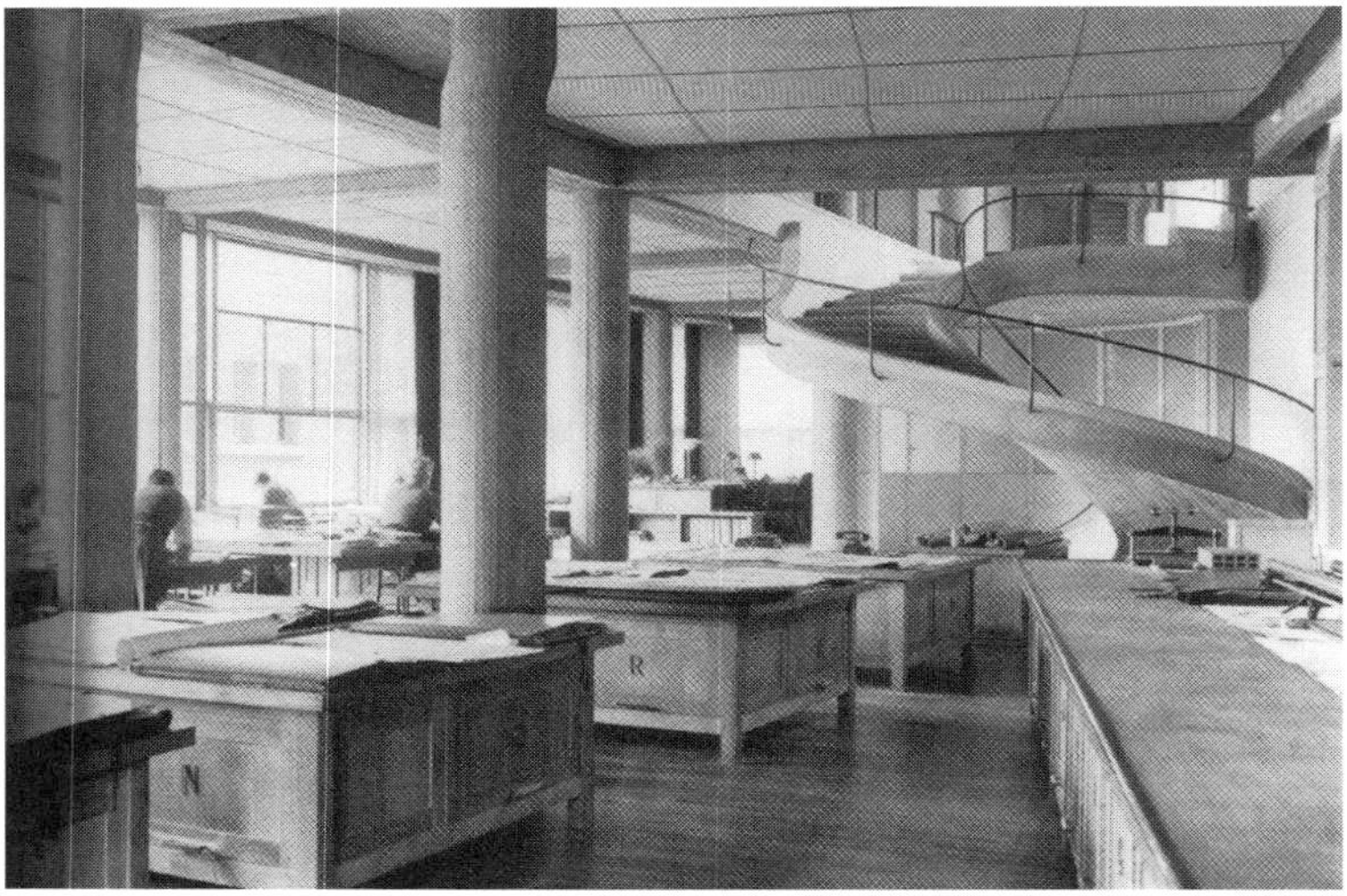

図1－35　レヌワール通りのアパート　内部。ペレの事務所。低い側の道路からすれば3階ではあるが、反対側の高い側の道路からすると地下1階。印象的な階段はその1階から降りて来るためのもの。

図1－36　国有動産保管所　正面外観。国家的祭事や国際会議等で用いられる国有の動産を修復・保管するための施設。中庭を挟んで周囲に施設が設けられている。

図1－37　国有動産保管所
カーブしているゲートをもつ入り口の部分。2本ずつペアになった4本の円柱にはフルーティング（縦溝）がある。足元には狛犬のような彫像が置かれている。

図1－38　国有動産保管所
壁面細部。基本的には倉庫なので、窓がほとんどない。コンクリートには砂岩が混ぜられ、石造のような微妙な色合いのパネルを張ったような仕上げとなっている。

図1－39　土木事業博物館　外観。ペレの代表作。イエナ広場の前にある故に、イエナ宮とも呼ばれる。丸い突出部のロトンダが特徴。背後にあるトロカデロ宮の計画案も提案したが採用されなかった。

図1－40　土木事業博物館　玄関細部。円柱は24条のフルーティングをもち、下部のほうが細い。最も太いところで柱頭は円柱から四角形へと変化して梁に達している。クロストラがここでも見られる。

図1－41　土木事業博物館　内部階段室。もともとは手摺りがなく、もっとダイナミックであった。

図1－42　土木事業博物館　内部。左右の翼部の展示室。円柱は6メートル間隔で整然と立っている。

図1－43　ル・アーヴル市庁舎　全体外観。低層部分はホール・会議室・宴会場・市長室にあてられ、18階建ての高層部分は一般の事務室。高さ13メートルの大オーダーのコロネードが見られる。

図1－44　ル・アーヴル市庁舎　外観細部。コロネードの円柱上部。柱頭の処理が少し異なっているが、土木事業博物館と基本的には同じ。

図1－45　レヌワール通りのアパートの銘板
銘板は、高い方の道路からして2階の隅に張られている。

図1－46　カサブランカのドック　農業用機械を収納するための倉庫。柱・梁とヴォールトはコンクリートであるが、壁は煉瓦に漆喰塗り。

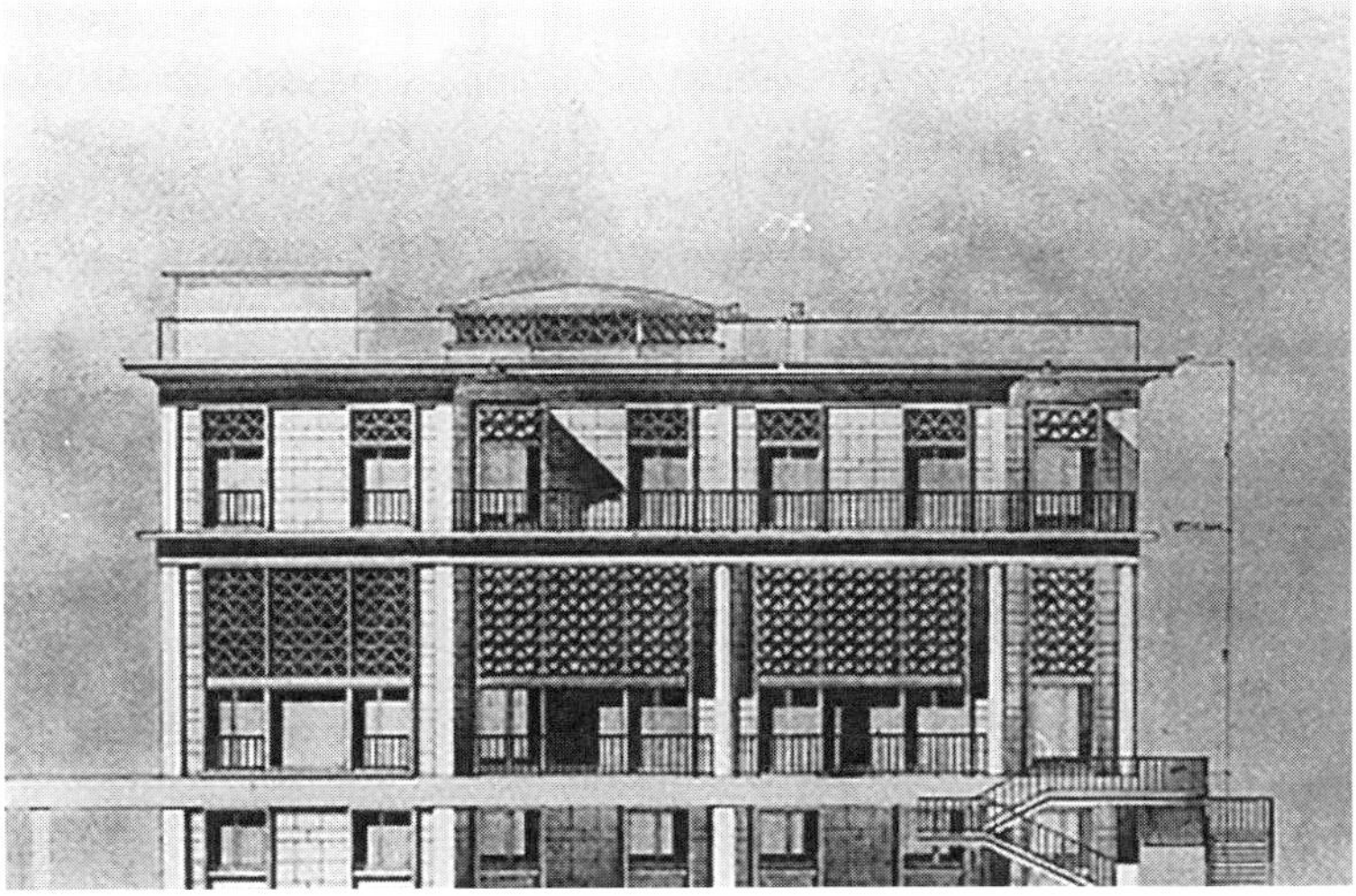

図1－47　エリアス・アワド邸　3.5スパンという非対称なファサードの故か、あるいは大量に使われた三角のクロストラの故か、ペレの作品のなかでは珍しくややピクチュアレスクな感じがする。

図1－48　アルジェの集合住宅計画案　23階建てか。骨格は堅いように見えるが、個々の造形は凹凸があり変化に富んだものとなっている。

図1－49　ジュネーヴの国際連盟計画コンペ応募案　ピエール・レスコーが設計したルーヴル宮の翼部を参考にしたというだけあって、非常にクラシック。

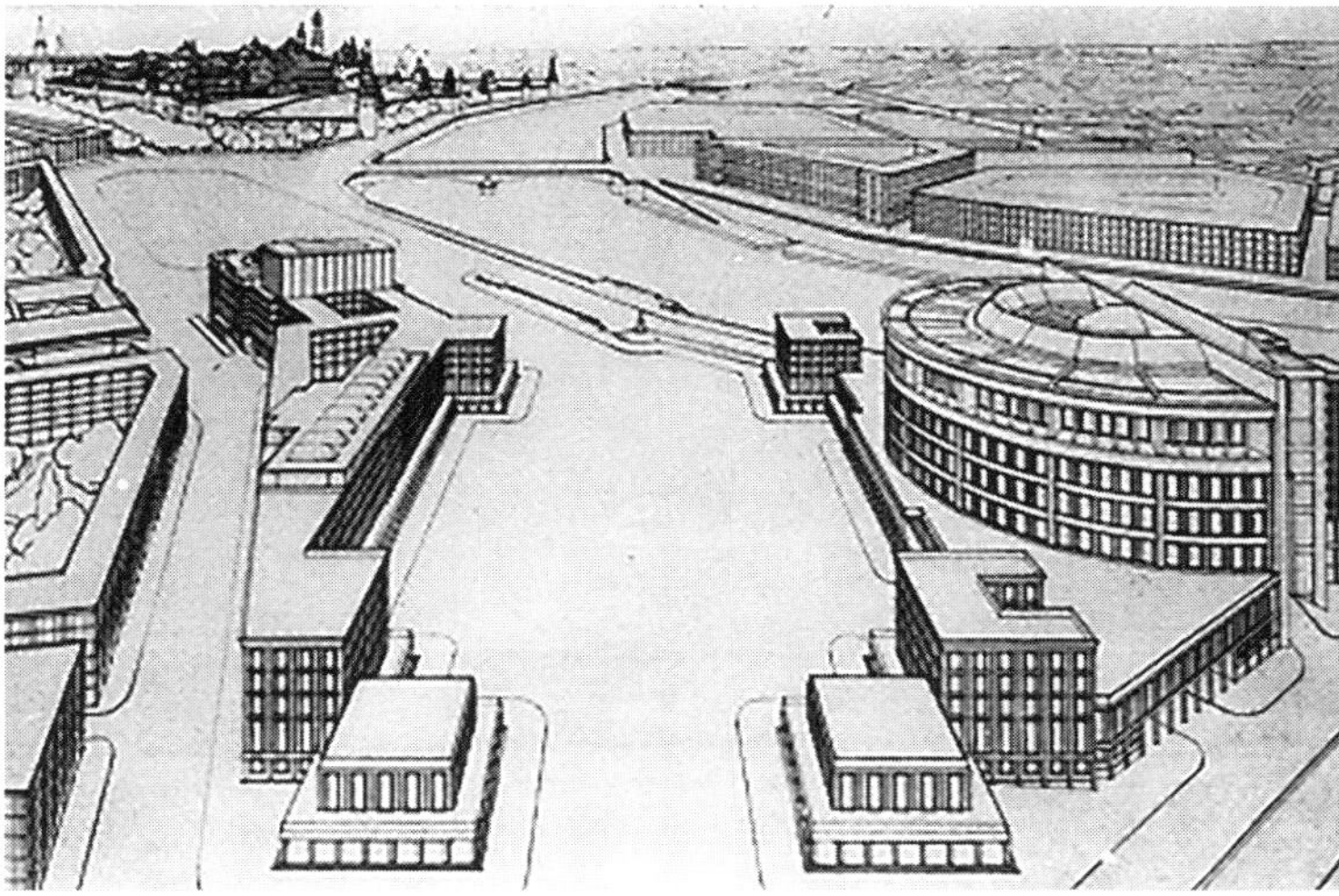

図1－50　ソビエト宮コンペ応募案　整然とした中央の広場を不規則な形の建物が取り囲む典型的なボザール流プランニング。

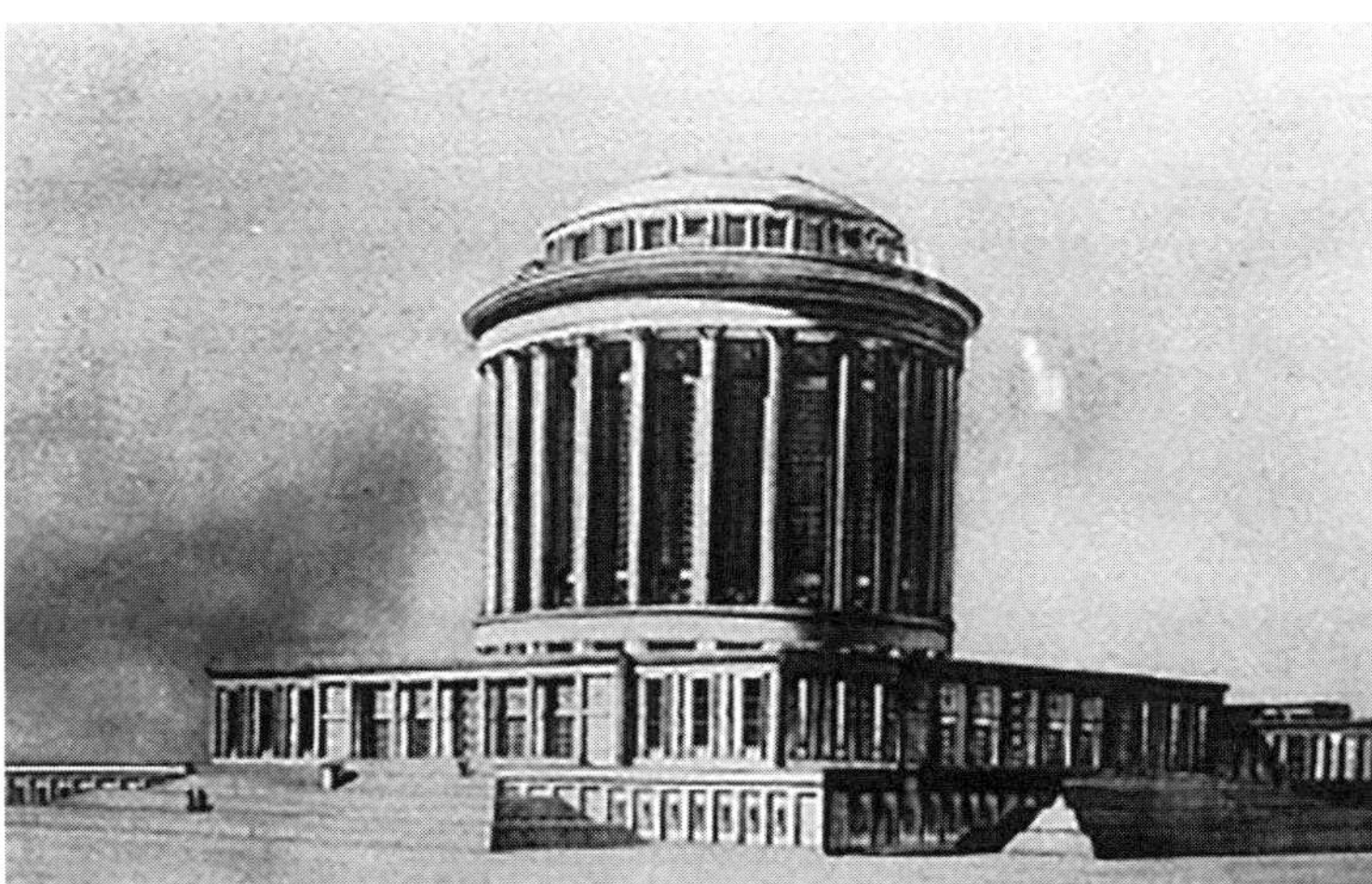

図1－51　アタチュルク墓廟コンペ応募案　24本の円柱のコロネードによるロトンダを方形の土台に上に載せている。このコンペは2人のペアのトルコ人建築家の案が当選し、それによって実施された。

図1－52　ポルト・マイヨ再開発計画コンペ応募案　12人の建築家による指名コンペ。もともと実現性の薄いもので、結局どの案も実現していない。

図1－53　アミアン駅前の高層住宅　外観。高層部分は30階建て。上部は一度8角形にして再度4角形にもどしている。

図1－54　「塔状都市」イラスト　異様な外観で、基本的にペレ的ではないが、彼がこれを拒否しなかったことも確か。

図1－55　エスデール工場　既製服仕立工場。3階分を吹き抜き、3スパン分をまたいだ円形大アーチ。上部は全面トップライト。

図1－56　モンタテールの鋳造工場　側面にアーチをかけて採光している。

図1－57　パリのタピストリー工場　これも円形のアーチとヴォールト。彼は楕円などの曲線を用いず、常に円形曲線を用いた。

図1－58　マリニャーヌの飛行機格納庫　マルセーユの国際空港の飛行機格納庫。ペレ最晩年の仕事。

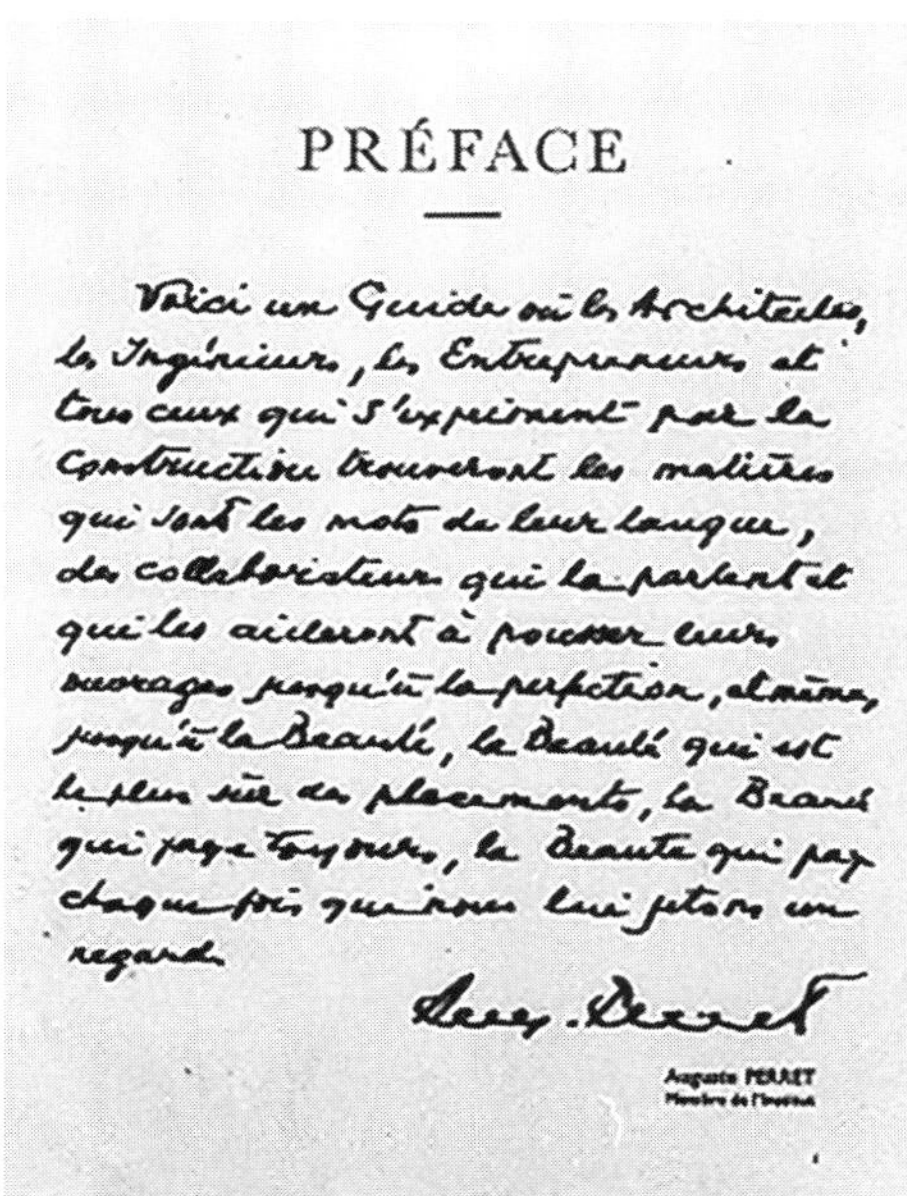

PRÉFACE

Voici un Guide où les Architectes, les Ingénieurs, les Entrepreneurs et tous ceux qui s'expriment par la Construction trouveront les matières qui sont les mots de leur langue, des collaborateurs qui la parlent et qui les aideront à pousser leurs ouvrages jusqu'à la perfection, et même jusqu'à la Beauté, la Beauté qui est le plus sûr des placements, la Beauté qui paye toujours, la Beauté qui paye chaque fois que nous lui jetons un regard.

Aug. Perret

Auguste PERRET
Membre de l'Institut

図1－59　ペレの直筆序文　建築作品と通じる整然としたところがある。フランス人もまた整った字を好んだものと見える。

二、オーギュスト・ペレの歴史的位置

オーギュスト・ペレは当初、鉄筋コンリート造建築のパイオニアとして知られた。革命的とは言わないまでも革新的な建築家であった。しかし、ペレは最初から伝統的な要素をすべて捨ててしまったわけではなかった。先述のカサブランカのドック（一九一五年）のように、早くからシェル構造も試みているが、そこにも壁には柱形を残しており、薄い膜で包まれた全体という考えはとらなかった。住宅の開口部も高さ一杯の窓を設けるが、それを横へ連続させることをせず、プロポーションとしては窓はいつも縦長であった。そして、コーニスという上部の終わりの表現を残し、ひっくり返しても変わらないまったくの箱型の立体という表現はとらなかった。生年からいえば、フランク・ロイド・ライトよりも七年、アドルス・ロースよりも四年遅く、ミース・ファン・デル・ローエよりも十二年、ル・コルビュジエよりも十三年早い。世代的にいえば、ライトやロースのほうに近く、最初期のライトやロースが伝統的な要素をいくらかとどめているのと近いかもしれない。なお、ル・コルビュジエは一九〇八年から十四ケ月間、ペレの事務所で働いており、かなり影響を受けている。ラ・ショー＝ド＝フォンに計画された商店計画案（一九一三年）（図2−1）には、シャンゼリゼ劇場の影響がはっきり認められるし、同じラ・ショー＝ド＝フォンのヴィラ・シュオブ（一九一六年）にもペレの作品の影が感じられるのである。しかし、これらは彼がル・コルビュジエを名乗る前の仕事であるからか、ル・コルビュジエの全集からは意図的に排除されている。ル・コルビュジエも突然に出現したわけではなく、ペレをはじめ幾人かの先行者の滋養のもとに生まれたのである。

活発な設計活動とともに、ペレは順調に社会的な地位を獲得していく。一九二四年から一九三〇年までと一九四五年から一九五四年までの二度、エコール・デ・ボザールの学外アトリエを主宰し、二度目のときはそのアトリエからローマ大賞受賞者まで出している。またエコール・スペシャル・ダルシテクチュール（私立の建築の名門校で、ヴィオレ＝ル＝デュクが教え、マレ＝ステヴァンスが学び、ド・ポルツァンパルクが校長を務めたこともある）の教授を一九三〇年から一九五二年まで務めている。また、一九四五年にはフランスの建築家協会の会長に選ばれ、一九四八年には王立英国建築家協会（ＲＩＢＡ）のゴールド・メダル、一九五二年には米国建築家協会（ＡＩＡ）のゴールド・メダルを受賞している。そして一九二六年にはレジオン・ドヌール勲章（シュヴァリエ）を受章し、一九四三年にはフランス学士院（アカデミー）会員となっている。

一九三二年以降のペレの事務所兼住宅であったレヌワール通りのアパートでは、日曜ごとにサロン的会合が催され、多士済済が訪れた。文化人・作家・美術史家としてはポール・ヴァレリー、アンドレ・ジード、アンリ・フォション、ルイ・オートクール、ポール・ジャモ、芸術家としては画家のジョルジュ・ブラックとモーリス・ドニとジャック＝エミール・ブランシュとエドゥアール・ヴュイヤール、彫刻家のアンドレ・アバルがあげられる。ヴァレリー（一八七一～一九四五）はペレについてなにも書いていないが、彼に「エウパリノス」の現実的イメージを与えたのはペレだとされることが多い。シャルル・ニコは一九五六年のアカデミー会員就任演説で「エウパリノス、それはペレである」と述べているし、ペレの資料にも「ヴァレリーとの対話」と題したタイプ原稿がある。そこには、ヴァレリーがコンクリートは可塑的な材料であるのに、なぜもっと曲面を使わないのかとペレに問い、ペレが型枠は木であるから平面のほうが合理的であり、そのほうが古代の建築に近づけるし、曲面にするには費用が高いと答えるといった会話が書かれているという（Karla Britton《Auguste Perret》Phaidon Press, 2001, 213頁）。

ポール・ジャモ（一八六三～一九三九）は美術批評家で、一九二七年にペレに関する最初の本を書いた人である。彼はペレの助言にしたがって一九〇九年にパリ近郊のビエーヴルに既存の住宅を購入しており、その増改築をペレが行っている。また彼の夫人の墓（一九二二年）（図2-2）をペレが設計しており、これはその用途のせいでもあろうが、ペレの最も古典主義的な作品である。ブラック(一八八二〜一九六三)の一九二七年のアトリエ兼住居(図2-3)はペレの設計になるもので、モーリス・ドニ(一八七〇〜一九四三)とペレはシャンゼリゼ劇場の建設で共同しており、サン＝ジェルマン＝アン＝レーのドニのアトリエの建設にもペレは関わっている。ただし設計自体はドニによるものらしいが、チャペルの設計はペレだとされる。レヌワール通りのアパートの入り口につけられた彫刻はアバル(一八七六〜一九五三)の作品である。

サロンの客になる前に亡くなったが、彫刻家のブールデル(一八六一〜一九二九)とペレの関わりも深い。シャンゼリゼ劇場のファサードのレリーフはブールデルの仕事だし(図2-4)、ル・ランシーのファサードにもブールデルのレリーフが付けられる予定で図面も描いている(図2-5)。これは当初は実現しなかったが、後にその原図に基づいてレリーフがつくられ、現在はそれが見られる。ブールデルは一九二二年にペレの胸像も制作している(図2-6)。ブールデルの作品のアルカイックな雰囲気とペレのクラシシズムとは共通のところがある。このブールデルやドニやジャモとペレを結びつけたのが、金融家で収集家でもあったガブリエル・トマ(一八五四〜一九三二)で、シャンゼリゼ劇場の実現はトマの力によるところが大きい。

ペレは非常に恵まれた建築家としての生涯を送ったことになる。若い時には新しい建築のパイオニアとして、そして晩年には重厚なアカデミー会員として尊敬を受けた。文字通り功成り名を遂げた人と言える。しかし、これはペレが常に時代に合わせて巧みにふるまったからではない。彼の建築に対する姿勢は、フランクラン通りのアパート以来、終始一貫したものであった。時代が彼によりそったといったほうが正しいであろう。

彼の作品がいかに大切にされているかは、彼の少なくとも十三の作品が、フランスの歴史的記念建造物（日本の国宝・重要文化財に相当）に指定されていることでもわかる。まず一九五四年にシャンゼリゼ劇場（一九一三年）が指定され、一九六五年に国有動産保管所（一九三六年）が、翌一九六六年にフランクラン通りのアパート（一九〇四年）とル・ランシーの教会（一九二三年）が指定された。続いて一九七六年にヌーバール・ベイ邸（一九三二年）、一九八七年にパリ十七区の音楽学校の演奏会用ホール「サル・コルトー」（一九二九年）、一九九三年に土木事業博物館「イエナ宮」（一九三七年）、一九九六年にレヌワール通りのアパート（一九三二年）とシャロン＝シュル＝サオーヌにあるコロンビエール礼拝堂（一九二九年）、一九九七年にモンマニーの教会（一九二五年）、一九九八年にグルノーブルの「ペレ塔」（一九二五年の博覧会の際の展望塔）、二〇〇五年にル・アーヴルの市庁舎（一九五二年）、そして二〇一八年にル・アーヴルのサン・ジョゼフ教会（一九五三年）である。指定の前のレベルの登録物件となると、正確な数はあげられないがおそらく倍近くとなるであろう。ちなみに指定十三という数は、ル・コルビュジエの作品は一九九六年の時点ですでに十四あったから、ル・コルビュジエに少し劣る。

そして、二〇〇五年には「ル・アーヴル、オーギュスト・ペレによって再建された都市」133ヘクタールが世界遺産に登録される（図2-7、8、9）。ル・アーヴルは第二次世界大戦で壊滅的な破壊を受けた都市で、一九四五年から一九六四年までペレが主導して再建された街である。その登録理由に「ル・アーヴルは多くの再建された都市の中でその統一性と完全性において特別の存在である。それは既存の街の基本形と歴史的な構造の熟慮を都市計画と建設技術の新しい考えに結び付けたものである」とある。そこにはまた、「彼（ペレ）は古典主義の精神の下に育まれ、十九世紀の技術的発展の遺産を保持している」とか「この街の精神は、道路は機能性を保ちつつも閉鎖的な構造の街区による『ネオクラシカル』なものと見なされる」とあり、この街の遺産の歴史的な意味をより客観的に位置づけようとしている。オルタ、ガウディ、ライト、グロピウス、ル・コルビュジエ、リートフェルトなど、その作品が世界遺産に登録された近代の建築家はたくさんいるが、ル・アーヴルの登録は、単純なペレのオマージュに終始しておらず、その歴史的連続性に言及している。観光産業の著しい発展とともに世界遺産の登録にも政治性や経済性や広告性がからむ程度が大きくなりつつあるが、まだまだ適切な判断が下されているようである。この登録理由もペレの歴史的位置を考える際の指標となりうるであろう。

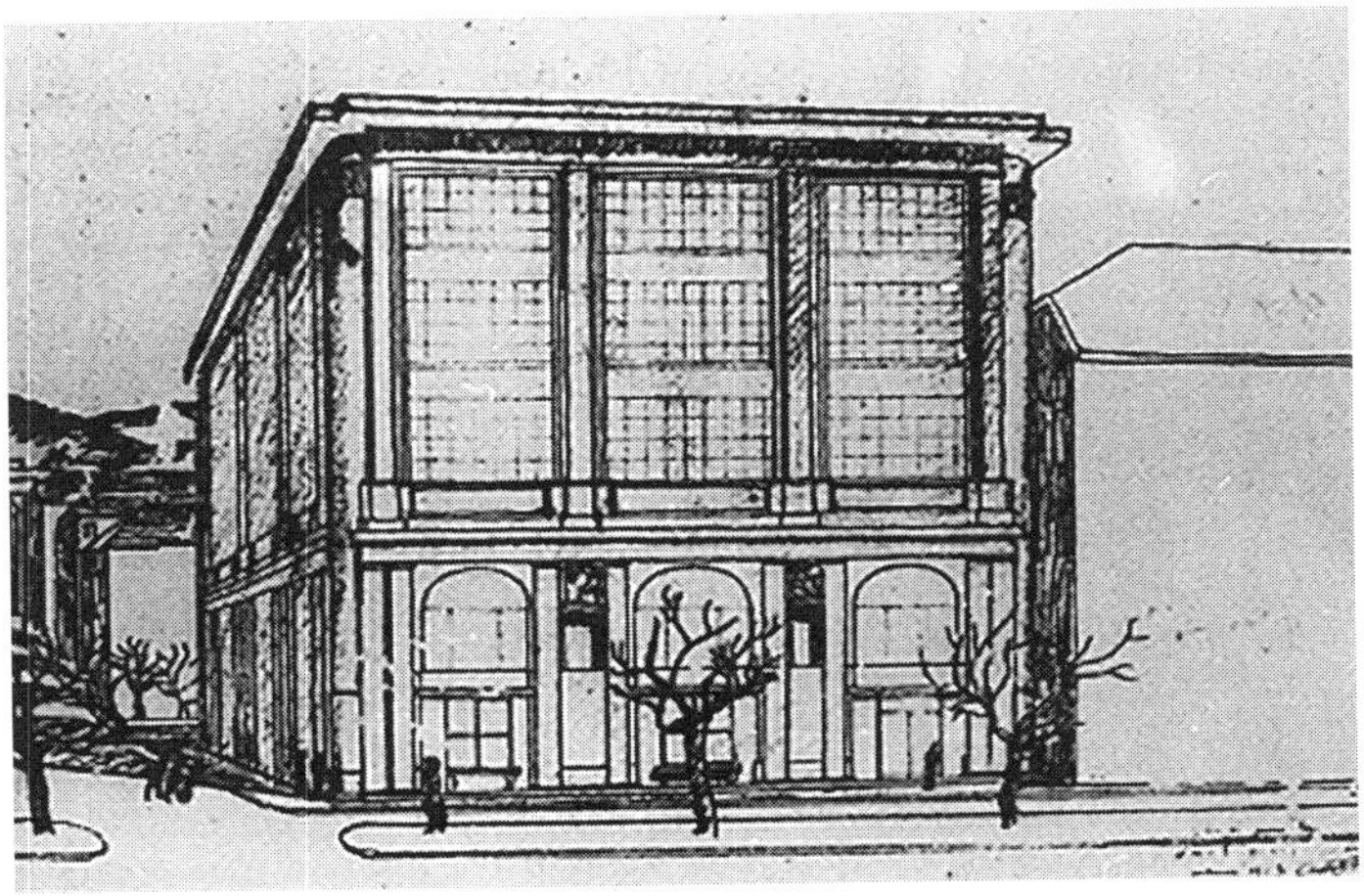

図2－1　ル・コルビュジエのラ・ショー＝ド＝フォンの商店計画案　コーニスははっきりと突出しているし、縦横の分節感は明確。下の階の窓はアーチ窓。

図2－2　ポール・ジャモ夫人の墓　ギリシアの四柱式小神殿風。大理石製。背面のレリーフは、モーリス・ドニの原画による。

図2－3　ブラックのアトリエ兼住居　2階までは典型的なペレ調住宅で、広大なトップライフをもつ3階のアトリエは背の高い屋階風の表現をとっている。

図2－4　シャンゼリゼ劇場のファサードのレリーフ　正面コーニスの下に3点、右隅入り口上部に3点、左隅入り口上部に2点、合計8点が見られる。この正面の作品のテーマは「アポロとミューズ達」、右隅は「悲劇」と「喜劇」と「舞踏」、左隅は「建築」と「彫刻」と「音楽」。

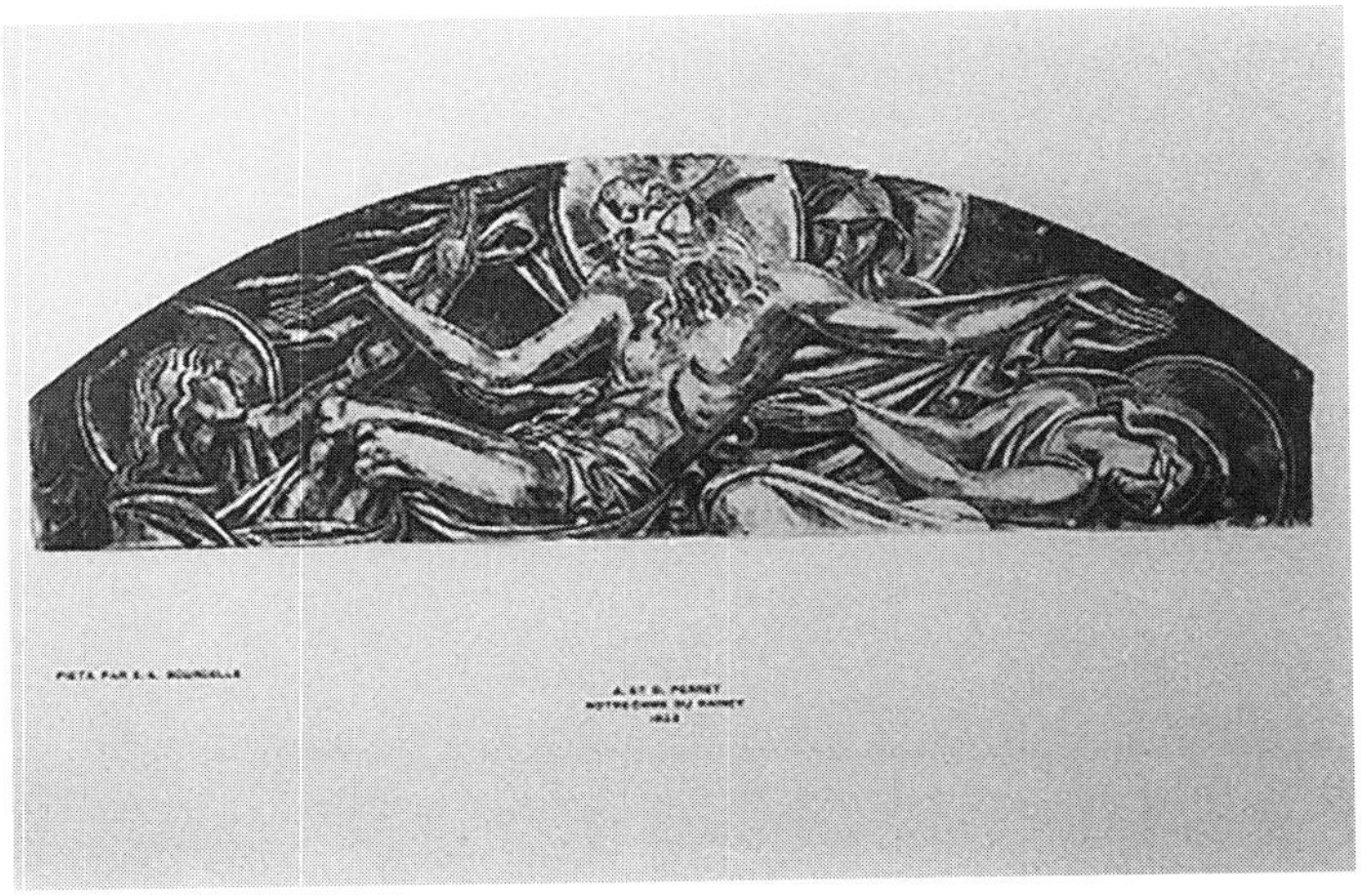

図2－5　ブールデルによるル・ランシーの教会のためのレリーフ案　正面入り口上部のタンパン（ペディメント）にとりつけられることになっていた。

図2－6　ブールデルによるペレの胸像　ブロンズ像

図2－7　ル・アーヴル市街　広場の周囲に、同形同スタイルの建物が並ぶ。

図2－8　ル・アーヴル市街　仕上げは異なっているが、階高一杯の縦長の開口部といういわゆる「ペレ・ベイ」は踏襲されている。

図2－9　ル・アーヴル市街　ル・アーヴルの再開発の道路や建物配置には、6.24メートルのモデュールが使われているとされる。

三、オーギュスト・ペレ賞

ＵＩＡ（国際建築家連合）のパリの本部は、レヌワール通りのアパートにある。このアパートは一九六〇年ころから、ペレ未亡人の希望によってつくられた「ペレ友の会」に使われていたが、未亡人の死の一九六四年以後にＵＩＡのオフィスとしても使われるようになったということである。ＵＩＡは一九四八年にスイスで開設されたものであるが、ペレはその母体となった集まりである建築国際会合（Reunions Internationales d'architecture）の議長を一九三三年以来務め、ＵＩＡ発足以降はその名誉総裁にもなっている。

その功績が認められたのであろう、一九六一年にＵＩＡにオーギュスト・ペレ賞が設けられた。同時に設けられた四つの賞の一つで、「建築に適用された技術technology applied to architecture」のすぐれた人物に与えられるものとされている。この時点では「建築のアート」に与えられる賞はなかったわけであるが、ペレはやはり「テクノロジー」の人とされていたことになる。オーギュスト・ペレ賞のほかの三つは、都市計画・地域計画分野に与えられるサー・パトリック・アバークロンビー賞、建築批評・建築教育分野に与えられるジャン・チュミ賞、住宅改良分野に与えられるサー・ロバート・マシュー賞である。

オーギュスト・ペレ賞は当初は二年に1回与えられていたが、途中から三年に1回になっている。初回の受賞者はフェリックス・キャンデラ。二回目の一九六三年にジャン・プルーヴェと共に前川国男が受賞している(前の拙著では前川を「次席」としたが、たしかにプルーヴェのほうが先に書いてあるものの、これは同格)。一九六五年はハンス・シャロウン、一九六七年にはフライ・オットー、一九六九年にはカレル・フバーチェック、そして一九七八年にはリチャード・ロジャースとレンゾー・ピアノに並んで菊竹清訓が受賞している。さらに一九八一年にギュンタ・ベーニッシュ、一九八七年にサンティアゴ・カラトラバ、一九九六年にトーマス・ヘルツォーク、一九九九年にケン・ヤン、二〇〇二年にノーマン・フォスター、二〇〇五年にヴェルナー・ゾーベック、そして二〇一一年に坂茂といったところである。

オーギュスト・ペレ賞は実質的にはUIAの建築家賞でもあったが、一九八四年にUIAのゴールド・メダルが設けられてからは主役はそちらに移った。これも三年ごとに授賞されており、その一九九三年の受賞者が槇文彦であり、二〇〇五年の受賞者が安藤忠雄、二〇一七年の受賞者が伊東豊雄である。これまでの受賞者十二人のうちに日本の建築家が三人もいることになる。もちろん国籍別では最も多く、メキシコが二人のほかすべて一人である。

オーギュスト・ペレ賞は先述のとおり、建築に適用されたすぐれたテクノロジーに与えられるものであった。つまりは、ペレのフランクラン通りのアパートや、いまはなきポンテュー通りのガレージによる彼の業績が認められての賞の創設であった。後にペレは高さ一〇四メートルの高層建物（一九四八年、通称「ペレ塔」）をアミアン駅前に実現させ、スパン一〇二メートルの飛行機格納庫（一九五二年）をマリニャーヌにつくっているが、おそらくこれらの業績は考慮に入れられてはいないであろう。なぜなら、ペレの高層建物は分節感なく連続的につながっているわけではなく、彼のヴォールトもしくはシェルもスパンと直角方向には連続していなくて分節されているからである。彼は、ひとつながりの連続的な表面、いわばふにゃふにゃの面で囲まれた空間という意識は生涯もたなかった。リズムやプロポーションやシンメトリー（左右対称のみならず形の均衡一般）という古典的・伝統的な美的概念から生涯逃れられなかったと思われる。それを保守反動、旧套墨守とかたづけてしまってよいのかが残された問いであるが、その前に本書の主たる内容であるペレと日本との関わりに触れておこう。この残された問いへの考察はその後である。日本の建築家たちもむしろペレの古典主義的な雰囲気に魅かれている人が多いのである。

四、日本への波及

オーギュスト・ペレの業績への言及が日本でいつ始まったかは定かではないが、その最初期のものと思われる大正末期の論考を見ると、ル・ランシーの教会への注目から始まっている。すなわち、「早稲田構造会員　工学士」なる河野利博の「将来の建築様式を諷示せるコンクリート建築に就て」（『建築世界』1924年10月号所収）という論文は、「Concrete and constructional engineering の記事から得た」ものとして今後重要視されるべきコンクリートの実例に、「Washington にある Sacred Heart の教会」とル・ランシーを挙げ、ル・ランシーの外観・内観写真と図面を載せている。そして、「図に示す如く仏蘭西のRaincyの教会堂の構造は二三の新しい設計の原理を表はしたもので極めて興味あるものである。戦争記念物として建てられたもので大理石、漆喰又は他の何等の装飾的のものを用ひず、非常に廉価に建てられたにもかゝはらず出来るだけ美はしく、且つ印象的であるのを必要としたのである。設計家のM. M. Perrch《ママ》は繰型の付いたコンクリートに依り驚くべき程巧みなる方法に依り此の難事を仕上げて其の効果は優秀のものである」と書き、「此の建物は六〇〇〇〇フランの建築費用で一ヶ年余の年月で造ったのであるが若し之が石造としたら少くとも三倍の価格で然かも二ヶ年以上の年月を要するのである」と結んでいる。つまり、この論文はほとんど鉄筋コンクリートという材料にのみ注目したものである。

同じ一九二四年に掲載された「Y・S・生」なる著者による「仏国レンシイに於ける新ノートルダム」（『建築新潮』1924年11月号所収）は、もう少し歴史や意匠に言及している。すなわち、「此の新しい時代――然し多くの古い伝統の存して居る仏蘭西教会堂建築として、新しく生れたものとして重要すべきはオーガスト及びギュスターヴ・ペレーの設計した教会堂である。然しこれは古い伝統に対する叛逆者ではない、たゞ新時代を象徴すべき、古い因習への分離である。此の会堂は第一図に見る如く、鉄筋コンクリートの建築としての特徴は遺憾なく発揮されて居る。然し詳細に研究するならば何等従来のものから飛び離れたものではない事に気がつくであらう。即ち此の建築に含まれて居る要素とも云ふべきものは、過去の時代のそれと明瞭に連鎖がある。この一事を以て見るも叛逆したものでない事は解るであろう。たゞ彼等が主眼とした處は、古へから連続されて居る建築進展の道に叛逆しやうとしたのでなく、単に彼等が使用した新しい材料に忠実にその表現をしやうと考へて居るのである。言葉を換へて云へば、使用した材料以外のもの丶様に見せる自縛の表現をして居ない事である。であるから其プラン等を見れば明かに古いゴシックのスタデーが現れて居るし、エレベーションに於ても古い型のスタデーが明らかに認められる。此建築は一九二三年の六月に出来たのであるが、尚彼等の作で理論的に明快な作として推称されて居るシャンゼリゼーの劇場があるが、その紹介は此處には略する事とする」とある。この論考は、ペレの作品の革新性と歴史的連続性の両方を指摘していて興味深いが、「此の建築は従来記念的築造物に考へられなかった二つの重要な特筆すべきものを持って居る。即第一に工費の少い事、第二に工事期間の短い事である。工費の方は全建築即ち暖房、通気、装飾等を算して六十萬フランであり、期間は一ヶ年と少しで出来上がって居る」とも記しているように、やはりこの建物の経済性・効率性を強調している。

ペレの業績に言及した二つの論考がほとんど同時に出たのは、関東大震災後の鉄筋コンクリート造への注目の高さがまず考えられる。また、ル・ランシーが『アルシテクチュール・ヴィヴァント』誌の一九二三年の創刊号(季刊誌で同年の秋季号が創刊号)に特集されたのをはじめ、この頃の各種の雑誌に盛んに取り上げられたからであり、伝統的・記念碑的な建物への鉄筋コンクリートの格好の使用例としてとらえられたからであろう。いずれにしても、日本の建築論壇へのペレの登場は鉄筋コンクリートへの注目と切り離せない。

少し遅れて、洪洋社刊行の『図集　近世建築　第九十三号』(一九二七年七月)が「仏蘭西　雑輯」と銘打って、「聖テレーズ教会」を掲載しており、そこには「仏蘭西に於て最近最も嘱目された建築である。設計はペーレー兄弟で、曩にも戦捷記念塔として殆ど同一手法のものが建てられた」と記されているという(菊池重郎「月刊図集『近世建築』(下)」『明治村通信』131号、1981年5月)。この「聖テレーズ教会」というのはモンマニーの教会(一九二六年)のことであろうが、それに付された文章中の「戦捷記念塔」というのがル・ランシーの教会を指すものと思われる。先にあげた河野利博の書いたものにも「戦争記念物として建てられたもの」とあるように、ル・ランシーの教会、正確にはノートル・ダム・ド・ラ・コンソラシオン教会(「コンソラシオン」は慰霊の意)は、第一次世界大戦のウルク川の戦いの戦死者を弔う記念碑として企画された経緯があるからである。つまり、ル・ランシーもモンマニーも日本には早くから知られていたことになる。

そのほかにも日本建築学会の『建築雑誌』621号臨時増刊号(1936年12月)で、「建築グラフ1935―1936」の「フランス」部門を担当した市浦健が、「国立家具博物館」としてペレの国有動産保管所(一九三六年)を紹介するなど、ペレの作品の日本のメディアへの掲載はいくつかあると思われるが、それでもそんなに多くはなかったであろう。それは、『新建築』一九四二年七月号の「特輯オーギュスト・ペレー」で、「この歴史的な建築家の名は未だ我國に紹介されておらず、ル・コルビュジエを知つてゐても、ペレーを知らない人が少なくない」と西村久二が「あとがき」に書いている通りであった。

その『新建築』の「ペレー特輯」であるが、これは二十頁程度のものとはいえ、おそらく戦前の日本における最もまとまったペレ紹介論といってよいであろう。これは、「ペレーについて」と題する坂倉準三（一九〇一～一九六九）の二頁程度の文章に、西村久二（一九一〇～一九九一）のより詳細な作品紹介と解説文を付したものである。西村久二は文化学院の創設者で建築家としても知られる西村伊作（一八八四～一九六三）の長男で、彼自身も建築家であり、伊作没後は自分も文化学院の理事長を務め、一九六七年には美術科とは別に建築科も新設している。彼は、一九二八年にはアメリカで学び、一九三六年には渡仏してペレの事務所に入り、パリで四年間絵画と建築を学んだという（西村久二『神と握手』１９９０年、著者略年譜による）。そのペレの下で学んだ成果がこの特集号にまとめられているというわけである。坂倉は一九三九年に伊作の二女と結婚しているから、西村久二と坂倉は義兄弟ということになる。

なお、ペレ事務所で学んだという日本人建築関係者は西村久二だけではない。もう一人、森丘四郎（一九〇二～一九九二）がいる。彼自身の履歴書によると、富山県立魚津中学校を中退して一九二四年に渡仏、一九二七年に帰国。一九二八年に再度渡仏して同年三月から一九三〇年五月までペレの事務所にいたことになっている(平井直樹「戦後モダニズム建築の打放し仕上げ」『清水建設研究報告』第94号、平成29年1月)。帰国後、清水建設に入り、国立西洋美術館本館等のコンクリートの施工で尋常ならざる力をふるったことで知られている。森丘は一九二〇年代後半、西村は一九三〇年代後半に、それぞれペレ事務所と関わりがあったことは間違いがないであろうが、ペレ側の資料からは残念ながらなにもわからない。

さて、まず坂倉準三の「ペレーについて」であるが、これはペレ論というよりも半ば以上はル・コルビュジエ論であり、せいぜいのところ、ル・コルビュジエを通して見たペレ論である。「その後西村久二君がペレーの所で學びたいといふはなしのあつたときは私は衷心喜ばしいことだと思つた。ジャンネレに紹介を頼んだが、ペレーには君からの紹介の方がいゝといはれた。當時ペレーは日本の建築に次第に關心を持ち出してゐた。私の歐羅巴を去つた後、西村久二君はペレーの事務所にあつて孜々として修學した。後にはペレーの最も信頼する門下生の一人として、歐洲大戦勃発後もペレーの膝下に留つた。ペレーは西村君によつて、更に日本建築への愛情を加へたことであらう」とあるから、坂倉が西村久二をペレに紹介するなんらかの労をとったことがわかる。ちなみに文中の「ジャンネレ」はおそらくピエール・ジャンヌレのことで、彼もまた従兄のル・コルビュジエと同様に時期は異なるが一時期ペレの事務所で働いていた。

そこにはまた、坂倉自身はチャンスはあったがペレとは直接には会っていないということを述べた後、ペレと会える「最後の機會は1937年秋巴里萬國博の日本館の建築賞受賞の時だつた。日本館の審査を辭退しようといふ話に、すつかり腐つてゐた私のところへ、突然ペリアン夫人（コルビュジエの門下の中でペレーと親しかつたのはペリアン夫人だけだつた）を通じて建築審査長だつたペレーから電話があつた。審査の辭退など、なにをいひだすことがあらう。それどころか日本館はすでに審査にかゝつて、最高授賞を決定してゐるから安心するやうに傳へてくれ、そしてかねがね會ひたいと思つてゐたが、近い機會に一度ゆつくり會ひたいといふはなしだつた。ペレーが日本人である私に、一度會ひたいといふと思ふやうになつたのは、コルビュジエの影響であるに違ひなかつた」と書いている。これが、坂倉が一九三七年パリ万博日本館でグランプリを受賞したというやや神話めいた話のおそらく源流となったものであろう。これを藤木忠善「東京・巴里　1936〜37」（『大きな声　建築家坂倉準三の生涯』鹿島出版会、1975、所収）が、フォローして定着したものと思われる。かつて拙著（『日本の初期モダニズム建築家』王国社、

２０１８）にも書いたが、グランプリというのも参加賞のようなものにすぎない。それに『大きな声　建築家坂倉準三の生涯』掲載のグランプリ賞状の写真に見える受賞者のファーストネームは、"Junzo"ではなく"Jungo"であり、受賞を報じた当時のフランスの各種の雑誌も"Jungo"としている。これは受賞者の名前がそれほど重要でなかったことを意味するであろう。

この坂倉準三の「ペレーについて」にはほかにも奇妙な記述があって、「世界の建築界を風靡した猶太的合理主義國際建築運動」とか「祖國を捨てゝて國際猶太の國アメリカに遁れたグロピュース」とかいう字句があり、「コルビュジエの闘ひと猶太國際建築合理主義者の闘ひとは、根本的に異るものであつた。祖國の眞の傳統を枯死せしめ、すべての國の建築を、國際猶太に隷属する植民地建築たらしめんとする、合理主義國際建築の假面を透して、その下にある眞の姿をいち早く看破した。コルビュジエは常に西歐の限界を超えて、アジアの傳統の上に眞に新しき世界創造をなさめと闘ひ來つたのであつた」といった贔屓の引き倒しめいた文章もある。それに「ペレーは今ヴィシーにあり、コルビュジエは巴里に在り。それぞれ、新生フランス建設大事業の委員として、新しき仕事を闘はむとする」とあるのは安易な類推による誤解で、ナチスの傀儡政府のあったヴィシーにいたのはむしろル・コルビュジエのほうである。一九四〇年から一九四五年の間のヴィシー政権時代に、フランスの建築家がどう動き、なにを言ったかは複雑な問題であり、軽々には語れない。

もちろん、ペレのよさも書いており、「大戦直後巴里近郊ランシーに、世にも美しき鐵筋コンクリートの寺院を作つたのは餘りにも有名である。この寺院の斷面の新しい美しさ。これはまことに新しい技術の勝利であった」と記し、そのファサードがペレをいつの日かアカデミーに入らせるであろうが、内部空間がそのアカデミー入りを遅らせるであろうというこれまた名高いル・コルビュジエのル・ランシー評（『アルシテクチュール・ドージュルデュイ』誌1932年10月号のペレ特集号に掲載）を引用した後で、「この二つのものがペレーの内に矛盾をはらみ乍ら蔵されてゐる。こゝにペレーの限界があり、同時に特色がある。同じく希臘の建築に優れたる美しさを認め乍ら、ペレーの眼に映ずるパルテノオンの神殿は欧羅巴の限界に於ける希臘建築の美である。これに対して、希臘古建築に西歐を超へて東洋の姿を求めむとするのは・ル《ママ》コルビュジエである」と書き、さらには「コルビュジエの建築は、希臘のパルテノオンを超えて日本の古建築に通ずる」とまで書いている。先にも書いたが、やはりこれはペレ論ではなく、もろにコルビュジエ・オマージュである。

八頁にわたる西村久二の「オーギュスト・ペレー」は、ペレが書いた文章をたどる形でペレを紹介している。彼とペレ事務所との直接の関わりを示すところは「私が彼の所で最後にたずさわつた仕事はイスタンブール國立劇場の設計である…この計畫設計提出後トルコ政府によりアクセプトされ、愈々本設計に取懸らんとした時が、丁度六月のパリ陥落の直前であつた爲、パリ占領後トルコとの通信不可能となり、この仕事は一時中止された狀態になつてゐる。私も、この樂しみにしてゐた仕事を續けることが出來ずに、歸國しなければならなかつたことを残念に思つて居る。そしてこの建物がこの大戦後の彼の最初の作品として現れることを期待する」と書いている部分のみである。ここでいう「イスタンブール國立劇場」というのはイスタンブールに建つべき大劇場案で一九三九年から一九四〇年にかけて作成されているが、西村の期待にもかかわらず、実施設計もされず、結局は実現していない(図4-1)。これは一九三六年以来イスタンブールの都市計画に関わっていたアンリ・プロスト(一八七四~一九五九)を通じてのイスタンブール市からの依頼で、いくつかの劇場案が描かれている。

ル・ランシーの教会に触れたところで、「この建物の出來る當時に丁度ル・コルビュジエの従弟であり、パートナーであるジャンヌレーがペレーの事務所に入つており、この建物の仕事にたずさわつてゐた。この教會内にある聖像は自分の彫刻したものだと、ジャンヌレーが私にいつたことがある」と書いており、西村久二はピエール・ジャヌレとも接触があったことになる。それもあってか、ペレとル・コルビュジエの「今日この二人のフランス、または世界的建築の大家の意見は一致してゐない。しかしこれは、お互ひに一方は尊敬し他方はあるものを認めて理解してゐる上のことである」と坂倉準三の文章に呼応するような辞句も記している。同じくル・ランシーの教会に触れたところで、「我國に於ても、ある模倣上手の建築家に依つて形だけはこれとよく似たものが出來ているのも有名である」とも書いている。

戦後のことになるが、西村久二は雑誌『建築家』の一九六九年冬号にも「AUGUSTE PERRET」というタイトルの文章を5頁にわたって書いているが、内容的にはこの一九四二年の『新建築』とそれほど変わりはない（先述の西村久二『神と握手』所収のペレ論もこの『建築家』掲載のものと同じ）。これも戦後のものとなるが、川崎重敏「オーギュスト・ペレの業績について」（日本建築学会近畿支部、1961年4月）が、比較的早い時期に発表された唯一の学術的な形の報告である。川崎は後述の森田慶一の薫陶を受けているが、その結語に「彼の立場が極めて規範的であり、主知主義的であることにおいて、厳正なる古典主義者であるとこ《ママ》を再確認しえたことを附言する」とある。

図4－1　イスタンブールの大劇場案　ペレ的建築言語に基づく作品ではあるが、プロポーションがかなり変わっている。ほかにもいくつかの案が描かれているようで、これはそのうちの一つの案。

五、日本のペレ称賛者

——吉田鉄郎と森田慶一

前章で比較的早い時期の日本におけるペレに関する言及の例をあげたが、それ以外にもしばしばペレについて語り、いわばペレに私淑していた人がいる。吉田鉄郎（一八九四〜一九五六）と森田慶一（一八九五〜一九八三）である。

まず、吉田鉄郎。彼は日本建築学会の機関誌『建築雑誌』（1950年3月号）の「くずかご」と題したエッセイに、「知りもしないくせに、音樂のことなど口にするのはあつかましいかぎりだが、ただ自分の感じていることを正直にいわせてもらえば——文學とか繪畫とか、とにかく音樂以外のものにモノをいわせた、多少おもわせぶりな、いくぶんあまつたるい、若干耳ざわりのよい音樂には、ちよつと心をひかれる。しかし、それはめずらしいうちのことで、やがては鼻についてくる。そこえいくと、純粋に音樂的な要素で、地味に、手堅く、しかもごく控え目にこさいたものは、とびつきたいというほど魅せられることはないにしても、いつきいてみても樂しく、いつまでたつても、あきるということがない。こういう音樂こそ、ほんとうの音樂なのではあるまいか。もし、それに間違いがなければ、建築についてもおなじことがいえそうな氣がする。そして、そういう本格的な建築を現代建築のなかにもとめるとすれば、なんといつてもオーギュスト・ペレエの建築を第一にあげねばなるまい」と書き、その傍らに「パリ、海軍技術事務局　ペレエ作」とキャプションをつけた海軍造船技術部庁舎の写真を載せている。

また、同じ『建築雑誌』(1952年8月号)の「北陸銀行新潟支店の建築について」と題した文章の中で、「新らしいところではペレエなどの建築をみても、実に構造的ではあるが、別にその構造を露出しようとはせず、高雅なヴェールでかるくそれを被つている。そのために一層構造に魅力を感ずるのではないだろうか。あつかましくも話はここで、しりもしない音楽の方えとんでいくが——バッハなどの音楽をきいていると、甘つたるさとか、思わせぶりとか、芝居がかりとか、そんなものはなにもない。ただ純粋に音だけが、これより動かしようがない、ちよつとでも動かしたら全体がくずれてしまうといつたような究極的な調和を保ちながら、がつちりと組合わされ、しかも淡々として流れていくような気がする。構造的な美しさとでもいえないものかしら…。うつかりいいかげんなことをいつて、音楽通にしかられるかもしれないけれど…。とにかく、あつといわせるようなものではなく、きくものの心にしずかに、またふかくしみこんでくる類のものではあるようだ。建築もやはりこうこなくては…と、つくづくおもう」と記している。ペレとバッハを明確に相同視しているわけではないけれども、吉田が双方に似たような印象を感じていたことは確かであろう。また、この北陸銀行新潟支店を紹介した『新建築』(1952年7

月号)では、「柱割りをしてから、柱の眞に梁をかけ、その梁の眞に壁をつけるといつたふうに…、したがつて階段室のまがつた梁までも、内からも外からもみえるわけだ。結果はペレエをまずくまねたようなものになつてしまつたかもしれないけれど、この方向でくりかえしやつてみたい氣がする」とも書いている。

吉田鉄郎がペレに注目し始めたのは、これらの引用よりもずっと前で、彼が編集した洪洋社刊の『世界の現代建築』(1930年)に「マリオーニ工場(パリ、1919)」の内部写真を載せているというが(矢作英雄「吉田鉄郎のオーギュスト・ペレー論について」日本建築学会学術講演梗概集、1974年)、確かめられなかった。この「マリオーニ工場」はパリのエスデール工場(1919年、1960年取壊し)のことと思われるが、モンタテール(パリではなくオワーズ県)にもマリノーニ社の工場(1921年)もあるから、そちらのほうの可能性もある。さらに、この矢作の梗概には、「吉田鉄郎は、遠藤於菟の毎日新聞社の傍を同行中、私に『ペレー的だ』と語った」という渡辺義雄の談話も引用されている。いずれにしても、吉田のペレへの注目はかなり古くからということになる。

また、吉田鉄郎は一九四六年に日本大学の教授に就任しているが、その講義ノートには「単純ナ美シサ」の例として、日本の住宅とペレとベーレンスを挙げ、「建築界ニ於テ

Gropius ヤ Perret ノ Design ガ廃レナイノハ厳格ナ Proportion ノ中ニ永遠美ガアルカラ」と書いているという(高木愛子・大川三雄・田所辰之助「講義ノートにみる吉田鉄郎の講義の概要とその特徴」日本建築学会講演梗概集、2017年)。さらに、吉田は戦後しばらく鹿島建設の顧問をしていて時に鹿島の設計部で話をしていたらしいが、その「雑談はストックホルムの市庁舎の感動やオーギュスト・ペレの比例のよさなどについてであった」という証言もある(樋口清「吉田鉄郎の建築と古さ新しさ」『建築』1968年10月号)。

もう一つ、吉田がペレの作品集を手に取ってじっと見ている写真も広く知られている。この作品集は、おそらく『アルシテクチュール・ドージュルデュイ』の一九三二年十月のペレ特集号ではないかと思われ、吉田のペレ敬愛が古く深いものだったことを推察させる。

以下は余談の類になるが、吉田のこの構造的なものの重要視には、学生時代からの友人、江国(旧姓・田中)正義(一八九四~一九八二)との関わりもあるかもしれない。江国と吉田は東大・建築の同期で、江国は卒業の一年後に東大の構造の助教授になり、その後構造事務所を自営、戦後の横浜国大・建築学科の設立に深く関わった創立時の主要メンバーで、後に横浜国大学長も務め、退職後は国建築事務所を開いている。二人とも構造にも設計にも巧みだったものと思われる。吉田は一九三一年七月から翌年七月まで欧米に渡航しているが、多くの江国宛の手紙が知られている。なお、この欧米渡航中の吉田のパリ滞在は、一九三二年四月二十三日から五月八日までのわずかに十六日間で、ペレの作品をじっくり見る余裕はなかったものと思われる。

その吉田鉄郎によるペレ風作品であるが、いずれも現存しないが、本人がペレを「まずくまねたようなもの」と言っている北陸銀行新潟支店(一九五〇年)と大阪中央郵便局(一九三九年)の二つをあげ得るであろう。それらについては次章で述べたい。

もう一人の森田慶一。彼は分離派建築会創立メンバーの一人で、その設立宣言集『分離派建築會の作品』(1920年)にも「構造派について」(ついでながら、この「構造派」は日本のいわゆる構造派ではなくベーレンスなどヨーロッパの構造派のことを言っている)という論考を寄稿し、一九二四年の「分離派建築會作品第三刊」にも「構造について」という論文を発表しており、当初から「構造」について書いてきていた。後者の「構造について」の中に、「私はこの建築の本質、建築をして建築たらしめる意味、いいかえれば建築そのものは構造ではないかと思う」と書きつつ、「私は建築が構造そのものの具象化であるといった。しかしそれは数年前しばしばわれわれ当時の建築学生の耳を刺激した『構造即建築』論とは全く意味を異にしている。いわゆる構造即建築論が、純粋に功利的な立場からの議論である場合には、今のわれわれとは没交渉であるが、それが論議の目標に建築という芸術を予想しているかぎり、私の主張はこの論と混同されたくない。建築が完全に構造力学の命ずるままに、主観の要素を全くぬきにして、つまり小さな個性などという成心にとらわれないで、造られた時最も美しいのだということと、建築の美しさが構造そのものの具現に在るということとは別のことである」とも書いている。

このように、森田は当初から構造を踏まえて建築を思考してきているが、彼のペレへの関心は構造とか鉄筋コンクリートという材料への注目からではない。それはペレの作品がもつ古典主義的な性格や記念碑性に関してである。そうした意味で彼がペレを語った早い時期の例が、「建築の記念性について」(『森田慶一 建築論集』1958年、彰国社、所収)であろう。これは一九四二年の関西日仏学館(後述のように、ペレ・スタイルの建物)における講演を記録したもので、そこには「そして、おそらく各位の聞きたいと欲せられることは、現代のフランスにおいて誰がこのモニュマンに価する建築を建てているか、その作品は何かということではないかと推察致します。それに対して私はただオーギュスト・ペレの名を挙げるにとどめましょう。そしてその作品としてパリのシャンゼリゼ劇場を挙げましょう。この劇場は、あるいは御承知かと思いますが、テアートル、コメディー、ステュディオの大中小三つのオーディトリオムを一つの建物内に含んだ複雑な内容をもった建物でありまして、その平面の構成、すなわち間取りのごとき事物的な面においては、あるいは欠点を指摘しうるかもしれませんが、このような瞬時的な、メムアールとは関係のない事物的な面からは自由に、鉄筋コンクリートという新しい材料を用いて、古典の形式を完成しているのであります。それには柱はあっても古代の柱頭や柱礎はありません。フリーズにはめ込んだブールデルの彫刻を除けば、すべては簡素ではあるが厳然たる古典の幾何学的伝統を持ち続けて、明確な現代のモニュマンを完成しているのであります」という一節が見られる。演題が「記念性について」であるから当然と言えば当然ではあるけれども、森田はペレのフランクラン通りのアパートやル・ランシーの教会をあげずにいきなりシャンゼリゼ劇場をあげている。

同様な記述はほかでも見られ、一九四九年七月号の『建築学研究』に掲載された「近代建築における古典主義」(前掲『森田慶一　建築論集』、所収)にも、「現代の古典主義建築家として私は、2人のフランスの建築家、オーギュスト・ペレとル・コルビュジエを挙げよう。…オーギュスト・ペレの建築は確かに現代建築芸術において最も高い地位を与えるに価し、まったく古典主義的なものであるが、彼は、ル・コルビュジエと反対に、言葉をもっては自分の掟を語らない。しかし彼の作品の示す厳しさは、規制なき自由をもっては理解できない。彼はラテンの文法に従った『形式言語』をもって語ることによって普遍性を得ているのである」という文章がある。

また、「建築論の特殊問題」(森田慶一『建築論』1978年、東海大学出版会、所収)の中の「三 建築造形における表現の諸相 2 古典的表現とロマン的表現」にも同様なものが見られる。すなわち、「現代建築の中に古典的表現を求むるならば、それはオーギュスト＝ペレの諸作品に集約的に見いだされるであろう。たとえばかれの初期の作品パリのシャンゼリゼー劇場――ここでは鉄筋コンクリートのラーメンという構造システムを生かして、そのファサードの構図を垂直の柱とその頂を結ぶ水平の帯で構成している。これは、もし古代ギリシア人に鉄筋コンクリートが与えられるとしたら、かれらも採るであろう構図である。ペレの柱には柱頭も柱礎も条溝もない、しかもこの構図にあらわれた相がわれわれに与える印象はまったく古典的である」である。このように森田は、他の人々とは違ってペレのフランクラン通りのアパートやル・ランシーの教会をあげるのではなく、いつもシャンゼリゼ劇場をあげている。これは彼がペレの革新性よりも古典主義性により強く魅かれたということを物語るであろう。

ところで、『建築学研究』のほうで森田が、ペレとともにル・コルビュジエを「現代の古典主義建築家」としてあげているのは興味深い。彼がル・コルビュジエを古典主義とする根拠は、幾何学的法則で本来、古典主義的法則の一つと見なせる「モデュロール」や「トラセ・レギュラトウール」をル・コルビュジエが推奨しているからということにすぎないが、森田は「IMITATIO CORBVSIERI, その他」（前掲『森田慶一　建築論集』、所収）という文章を一九二八年十一月号の『建築新潮』に発表しているが、その中にはタイトルにもある「IMITATIO CORBVSIERI」（Corbusier's imitationをラテン語で表記したもの）のほか、「住居機械」や「規制図形」（トラセ・レギュラトウールのこと）というアフォリズム的に書かれたル・コルビュジエ論がある。しかし、独立したペレ論は書いていないようである。つまり、森田はペレよりも早くにル・コルビュジエに関心をもったのかもしれないが、次第にル・コルビュジエよりもペレに魅かれていったものと思われる。先述の川崎重敏「オーギュスト・ペレの業績について」は、森田の高いペレ評価が門下生にも伝わったものであろう。森田のペレ傾倒は、京都大学基礎物理学研究所湯川記念館（一九五二年）と京都国立博物館新館（一九六五年、二〇〇八年解体）という戦後の彼自身の設計作品にもはっきりと見られるが、それらは後に述べたい。

ついでの話になるが、一九八一年十二月の『新建築』の臨時増刊号「日本の建築家」が多くの建築家の一覧を掲載している。当時存命の建築家には「尊敬する建築家」をあげるよう求めていたようで、その部分にオーギュスト・ペレをあげた人がわずかだが六人いる。ペレだけをあげたわけではなく、他の建築家とあわせてペレをあげただけの人もあるが、その六人とは、添田賢朗、村田正、内田祥哉、佐藤孝義、菊竹清訓、武者英二である。

六、日本におけるペレの直接的影響

——レーモンド、フォイエルシュタイン、メストラレ

ペレの作品の影響を受けたと思われる作品は、ヨーロッパの各地でたくさん見られる。なかでも、ル・ランシーの教会を代表的なものとするペレの教会建築と、土木事業博物館を代表とする一九三〇年代の古典主義的な作品の影響下にある作品、いわばペレ様式の作品が多い。ペレがクロストラと呼ぶプレキャストのコンクリートブロックを用いた開口部と、オーダー柱そのものではないがそれを想起させる円柱、コーニスの残存などが、その具体的な形態の特徴である。

そうした作品は日本ではそれほど多くはないが、ほとんどペレのコピーともいうべきものがある。アントニン・レーモンド（一八八八〜一九七六）の東京女子大学礼拝堂（一九三七年）である（図6−1、2、3、4）。前掲の『ペレ兄弟全集』も、これを「ほとんど原形通りのコピー」（126頁）と書いており、これもまた前掲のカーラ・ブリットン『オーギュスト・ペレ』も「ほとんど同一のコピー」（85頁）と書いている。あるいはまた、先述の『新建築』のペレ特集号で西村久二が「我國に於ても、ある模倣上手の建築家に依つて形だけはこれとよく似たものが出來ているのも有名である」と書いていることはすでに触れた。

この作品は、竣工のずっと前の一九三四年十二月号の『国際建築』に図面と模型の写真が掲載されているが、それに付されたレーモンド自身の説明は、ペレについてはなにも触れていない。もっとも自伝（原著出版は1970年）では、「オーギュスト・ペレーのデザインしたフランスのランシー教会が、私に深い印象を与えたため、チャペルのデザインを始めるに当り、それをとり入れようと決心し、大筋をペレーの線に合わせた。したがって、チャペルのデザインはオリジナルではない。しかし、オリジナルの方は弱く、私はペレーが回避したか、または果せなかった別の道をたどった。つまり完璧なコンクリート工事であり、色違いの石の平板で覆った壁であり、繊細な鍛鉄工事であり、プロポーションの違いであった。ともあれ、チャペルが十分に目的を達したのは、日本の職人の貢献によるものであった」（三沢浩訳）と書いている。この一節のなかの「オリジナルの方は弱く」という部分は、誤解を生むかもしれないので念のため付記しておくが、東京女子大学の方のオリジナル性が弱いという意味である（この前後の原文は"The design,therefore,is not original. It is weaker, and…"）。

また自伝よりも先に、レーモンドは一九五四年一月号の『アーキテクチュラル・レヴュー』誌の投稿欄（correspondence）に、世紀の変わり目の学生時代からペレの作品に「潜在意識的な敬服subconscious admiration」を抱いてきたが、実際にペレのデザインの基盤を伝えてくれたのはフォイエルシュタインであると書いている。これは、同誌の一九五三年八月号に、ピーター・コリンズが「ペレの教義」という記事を書き、その中の「ペレの影響」の項目の一部に東京女子大学礼拝堂を「モンマニーの教会の変種に近いもので、ペレの広汎な波及を示すもう一つの重要な証拠」としたことへの返答で、少し弁解の気味もあるかもしれない。モンマニーの教会（一九二六年）は、先述のようにル・ランシーの竣工の三年後にパリ郊外に建てられた教会で、ル・ランシーと非常によく似ており、それを小さくコンパクトにしたようなものである。内部の天井もル・ランシーのほうは側廊の部分はヴォールトの方向が変えられているのに対して、モンマニーは単純な一つのヴォールトである。規模からしてもヴォールトの形状からしても、東京女子大学礼拝堂はモンマニーのほうに近いが、外観の塔の形はやはりル・ランシーのほうにより似ている。

ちなみに、レーモンドはル・ランシーには触れつつモンマニーには一切触れないが、この投書の末尾で、「ペレの作品は、すべての現代の建築家の作品のなかでも、より絶対的な価値を有しており、その価値は古びておらず生き残っているであろうというのがわたしの意見である」とペレを高く評価している。東京女子大学礼拝堂は『新建築』（1938年5月号）にも掲載されているが、そこには「女子大のチャペルは設計者の意図が奈辺にあるのかを疑ふ程塔を始め壁面スクリーン模様、チャペル内の照明器具等ランシーの教会堂に類似してる。十数年前ペレーによって試みられた教会堂建築の精神は実に偉大であり、その時代の建築界の溌剌さを羨むと同時に現代の沈滞せる混沌たる過渡的な建築界の状態をまざまざとこの東京女子大礼拝堂に見せつけられる気がするのはあながち吾等独りではあるまい」とか「レイモンド氏に対する其れ以上に吾々はこの新時代的の表現をもたらしたペレーの偉大さを思ふ。現代の建築の根本思想はペレーの時代の夫れを離れる事が是程少いのであらうか？」とか「日本に建つ耐震構造の宿命として免れ得ない事であらうが、柱、梁及び屋根構造はあまりにも生々しく武骨の感がする」などと、かなり辛辣な評（書いた人の署名はない）が見られる。これに上述の西村久二の『新建築』誌の評（１９４２年）を考えると、東京女子大学礼拝堂は酷評されているわけであるが、ここまで厳しくあたる背後には、排外主義・国粋主義的な風潮の台頭という側面も考えあわせるべきかもしれない。

東京女子大学には、一九二四年から一九三八年にかけてレーモンドの設計によって建てられ、現在国の登録文化財となっている建物がこの礼拝堂を含めて七棟あるが、礼拝堂はその七棟のうちの最後のものである。早い時期の建物はライトの影響の色濃いもので、そこから逃れようとし、最後にペレによって脱皮し得た過程がわかる興味深い歴史的建築群となっている。本館（一九三一年）も、中央部分は宝形屋根がかかっているけれども、その下部にはペレの影響が感じられる（図6―5）。全体としてのペレ調は、一九六七年から六八年にかけて建てられたという一号館と二号館にも及んでいるような気もするが、ただしこれはレーモンド事務所の設計ではないらしい。

またついでながら、前掲の『ペレ百科事典』の「日本」という項目の中で、レーモンドが一九二五年十月にペレに会いに行ったと書かれているが（365頁、この項目の筆者は“Ken Tadashi Oshima”氏）、この指摘の根拠は示されていないし、レーモンドの自伝にも一九二五年に渡欧したという記述はない。

ペレの手法と理念をレーモンドに伝えたとレーモンド自身が言っているベドジフ・フォイエルシュタイン（一八九二～一九三六）であるが、レーモンドと同じプラハ理工科学校（現・チェコ工科大学）で学び、一九二四年から一九二五年末までペレの事務所で仕事をし、主としてアール・デコ博の劇場に関わっている。その後、日本にやってきて、約二年間レーモンドと共同して、この東京女子大礼拝堂のほかにもライジングサン石油横浜本社（一九二九年、後に横浜シェル石油ビル）（図6―6、7、8）の設計にも関わっている。これは、オーダー柱を想起させるペレ調の円柱を備えたものであったが、一九九〇年に解体された。

しかし、同所に建てられたマンションのファサードにその円柱を含む一部の意匠が再現されており、横浜市によって解体時に保存されていた当時はきわめて斬新であったオリジナルの回転ドアがとりつけられている(図6—9)。また、聖路加病院礼拝堂(一九三三年)を、やはりまったくのペレ・スタイルで設計していたが、それはそのままは実現せず、実施設計はレーモンド事務所からジョン・バーガミニーに変わって建てられ、ペレ調はかなり薄らいだ(図6−10、11、12)。

フォイエルシュタインはプラハに戻る前に中国・ソ連・米国へ行っており、当時フランスの米国大使であったポール・クローデル(その前は日本大使だった)への推薦状をペレに依頼した一九二八年四月二十七日付けのニューヨークからの手紙が残されている(『ペレ百科事典』298頁)。また、一九三一年にはペレと最後の邂逅をしており、ペレとの関係は長く続いたようである。若くして亡くなっているが自死だという。

日本におけるもう一つのペレ調の作品が、関西日仏学館(一九三六年)である(図6−13、14)。その設計はレイモン・メストラレ(一九〇九〜一九四三?)と木子七郎(一八八四〜一九五五)である。メストラレの没年に疑問符が入っているのは、彼は病弱だったし、一九四三年五月に書いた辞世めいた文章を書いているからである。彼は画家の息子に生まれ、エコール・スペシャル・ダルシテクチュールに一九二三年から一九二五年まで通い（ウィキペディアの記述によるが、年齢からしても少し早すぎるかもしれない。またペレがこの学校で教えるのは一九三〇年からであるから、メストラレは学校ではペレに教わっていないことになる。もっともペレは一九二六年から、後に述べる仮設の美術館「パレ・ド・ボワ」でボザールの学外アトリエを営んでおり、そこにはエコール・スペシャル・ダルシテクチュールの学生も来ていた）、その後ペレの事務所に入っている。関西日仏学館の仕事がなぜ若きメストラレに舞い込んだか、彼がいつまでペレの事務所にいたか、いずれも定かではない。メストラレは来日はしていないようであり、かれの貢献はおおむね外観にとどまるものと思われ、内部は主として木子七郎の仕事としたほうがよいであろう。とはいえ、その外観はペレ・スタイルとまではいえないかもしれないが、まちがいなくペレ調である。一九三〇年代のフランスの古典主義風建築一般に対するペレの影響が大きく、これもまた典型的なフランスの一九三〇年代の建物の一つにすぎないとも言い得るが、やはりこれはペレ調である。

上にあげた例はいずれも日本人建築家の作品ではない。大正・昭和初期の日本人建築家にとって、インターナショナル・モダンかもしくはそれに日本趣味を加味するかが大きな課題であって、わざわざ古典主義風もしくはフランス風モダンのものをつくる要因がまったくなかったからであろう。しかし、たしかにあることはあるのである。それをつぎに見ていこう。

図6－1　東京女子大学礼拝堂　外観。規模的にはモンマニーに近いが、鐘塔はル・ランシー風。

図6－2　東京女子大学礼拝堂　鐘塔。規模は違うが、4段階でセットバックする形もル・ランシーと同じ。

図6－3　東京女子大学礼拝堂　内陣部の外観。十字形、円形のクロストラの形態もル・ランシーと同じ。ただし四角形はル・ランシーでは対角線が入っているが、ここには対角線はない。

図6－4　東京女子大学礼拝堂　内部。ル・ランシーやモンマニーにくらべて腰壁がかなり高い。それらにおいては腰壁は矩形のブロックを縦横に積んだものであるが、ここでは割石を張っている。

図6－5　東京女子大学本館　正面外観。シャンゼリゼ劇場のファサードに少し似ている。

図6－6　ライジングサン石油横浜本社　外観。基本的にはモダニズムの作品であるが（左奥の段々になって高くなる塔屋など）、右側の正面ファサードにペレ的な要素がはっきりと見られる。

図6－7　ライジングサン石油横浜本社　正面外観。3階分貫いて立つ2本のフルーティングを備えた円柱が印象的。

図6−8　ライジングサン石油横浜本社跡地のマンション　2本の円柱部分が、高層のマンションの下部に再現されている。

図6−9　ライジングサン石油横浜本社跡地のマンションの回転扉　これはオリジナルの回転扉であるが、脇の入り口に設置されており、通常は使われていない。

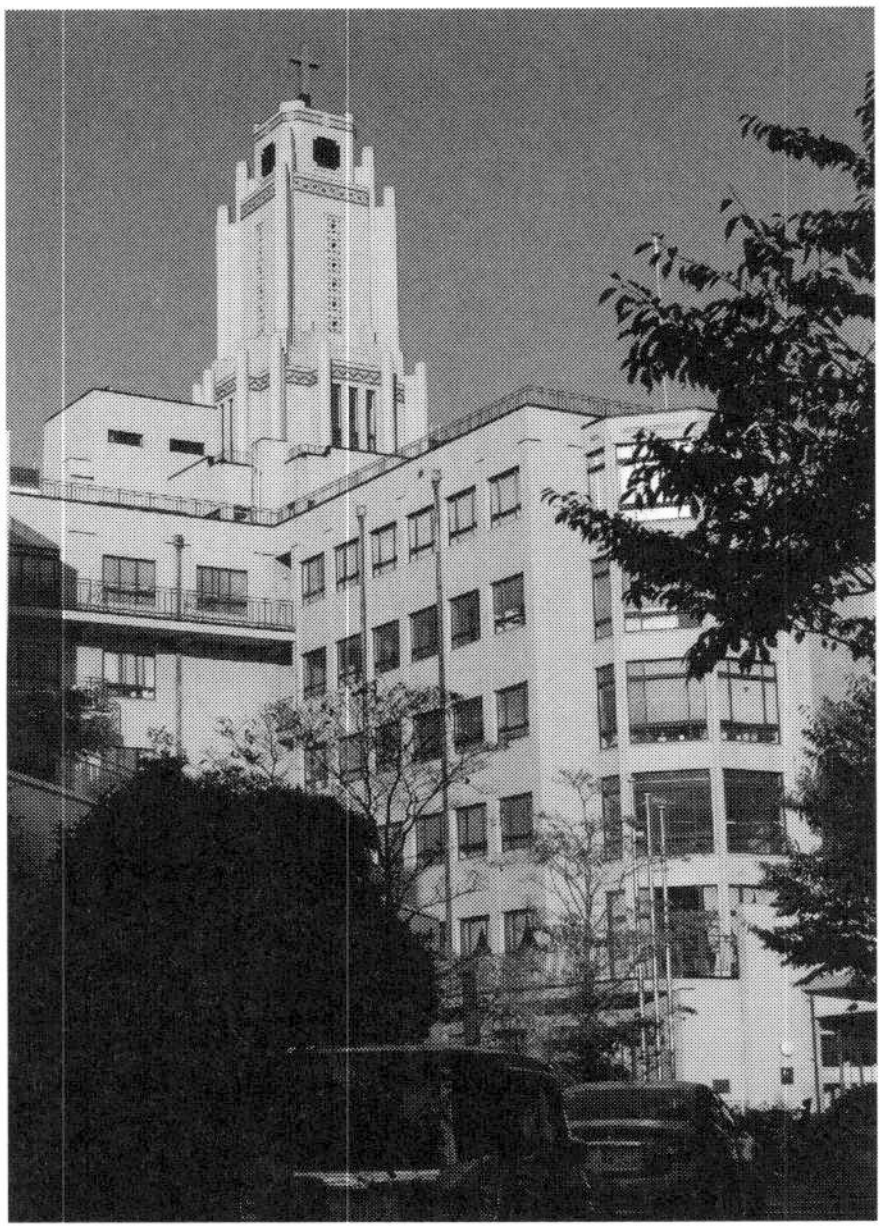

図6－10　聖路加病院礼拝堂外観。塔屋が少し当初の面影をとどめているが、内部はまったくのゴシック風。

図6－11　聖路加病院礼拝堂塔屋。クロストラ風の開口部が見られる。

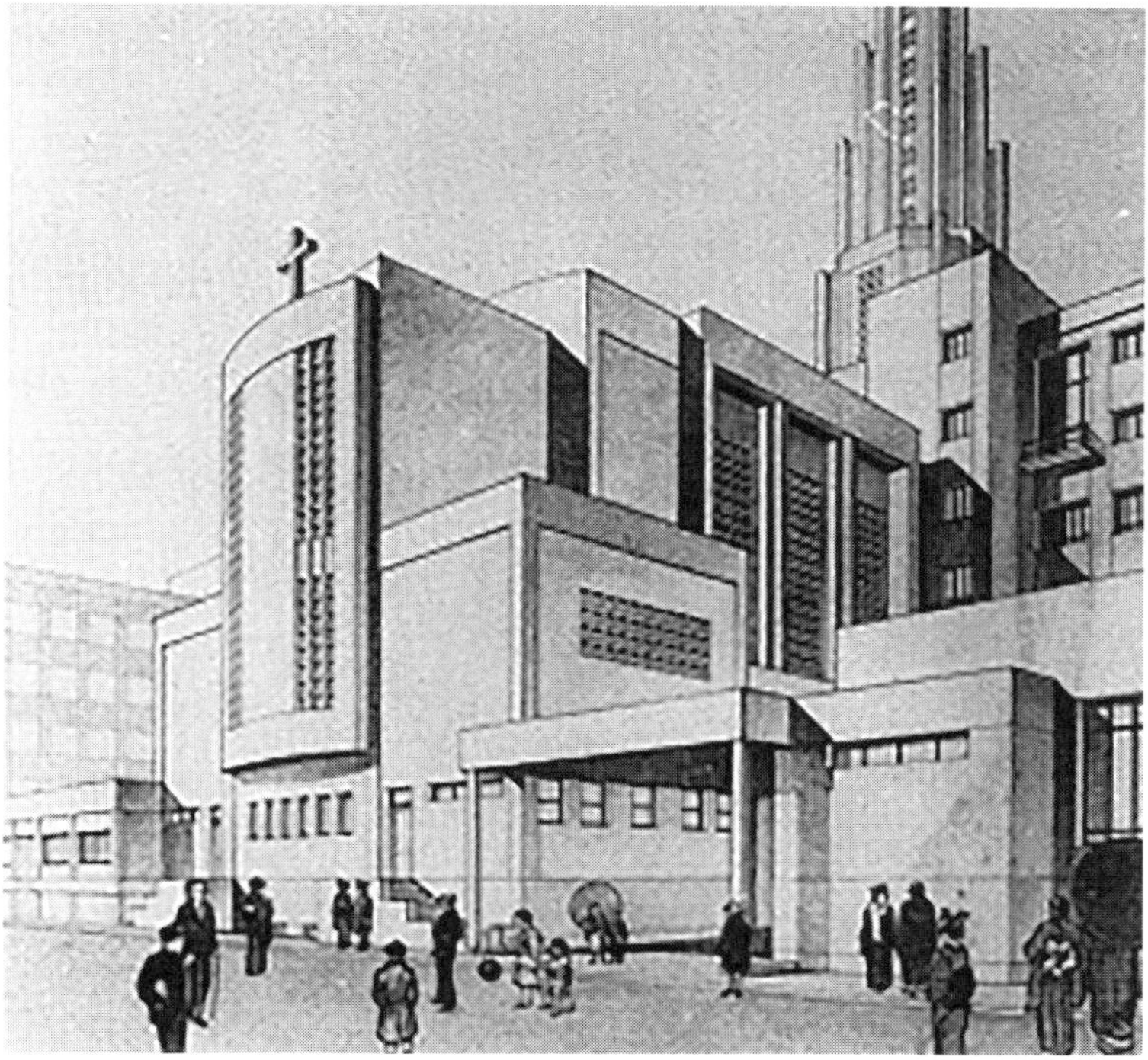

図6－12　フォイエルシュタインの聖路加病院礼拝堂案　実現したものよりもずっとペレ調が強い。とりわけ塔屋は東京女子大学のものに似ている。

図6－13　関西日仏学館　正面外観。大オーダーの円柱の付柱が見られる。

図6－14　関西日仏学館　入り口外観。玄関の上の部分が円弧形に張り出している。

七、日本のペレ風作品

まず先にあげた吉田鉄郎の北陸銀行新潟支店（一九五〇年）と大阪中央郵便局（一九三九年）であるが、両方とも現存しておらず、細かな点を確かめるすべもなく、詳しくは述べられない。大阪中央郵便局は、東京中央郵便局（一九三三年）がなおとどめていたやわらかであいまいな複雑性をきれいさっぱりすててしまったクールな仕事である（図7－1、2）。しかしコーニスの存在など、たしかにペレ風な面をもっている。解体された後も、そのほんの一部がシートにくるまれて保存されているのを見たことがある。跡地に建てられる高層ビルのアトリウムにそれが保存されて使われるという。北陸銀行新潟支店は、規模やプロポーションからして、むしろランジュ邸（一九三〇年）（図7－3）やブレッシー邸（一九二八年）などのむしろペレの大規模独立住宅に近いが、大阪中央郵便局のミニチュアのようなものともいえる（図7－4、5）。北陸銀行新潟支店と大阪中央郵便局の双方とも表面にタイルが張ってあったが、ペレのほうはタイルをほとんど用いず、コンクリート自体の表面を加工するほうを選んでいる。

建築作品自体のペレ的なところは、吉田鉄郎よりも森田慶一のほうがずっと強い。さきにあげた京都大学基礎物理学研究所湯川記念館（一九五二年）と京都国立博物館新館（一九六五年、二〇〇八年解体）は、まさにペレ・スタイルである。京都大学基礎物理学研究所湯川記念館は、関西日仏学館とよく似ており、さらに関西日仏学館にはないクロストラを備えているから、もっとペレ・スタイルだともいえる(図7−6、7、8)。京都国立博物館新館は、そのクロストラも、正面二階の曲面のベランダなどもないまったくシヴィアな作品で、無作為の作為とでも呼べそうなペレ的境地を示していた(図7−9、10)。下手をするとプロポーションのよい倉庫と見られかねないものであったが、「構造について」の論考をもって分離派として登場した森田の一つの到達点ではあろう。ついでながら、森田慶一の薫陶を受けた増田友也(一九一四〜一九八一)の遺作とも言うべき鳴門市文化会館(一九八二年)の内部空間のホールは、ペレの土木事業博物館(一九三七年、「イエナ宮」)とよく似ている(図7−11)。これは一種の先祖返りともいえるが、増田友也もまたペレをよく知っていたに違いない。

もう一つ、村野藤吾(一八九一〜一九八四)のごく初期の仕事に、明らかにペレをまねたと言えるものがある。日本基督教団南大阪教会(一九二八年)の鐘塔である(図7−12、13)。ここに使われているクロストラはほとんどペレの模倣である。これはレーモンドの東京女子大学礼拝堂よりもかなり早い時期のものであり、日本における早いペレ・スタイルの実例として興味深い。村野自身は、特段にペレについて語っているわけではないが、『建築と社会』(一九三一年一月号)掲載の「動きつつ見る」という文章の中に、「ペレー、コル、ルーサー、マレステヴァンなどは皆、あまりに日本の建築界におなじみが深い」という一節がある(「ルーサー」はアンドレ・リュルサのこと)。また、『国際建築』(一九五五年四月号)掲載の「建築美を探る八章」という対談の中で「ペレのやったランシーのは非常にいいですね。この前行ったときも感心しましたが、今度行ってみて…自分が苦労していますからね」と語っている。ここで「この前行ったとき」と言っているのは一九三〇年の際の渡航であろうから、日本基督教団南大阪教会を建てた後のことである。さらに『建築雑誌』(一九五六年六月号)掲載の広島の世界平和記念聖堂が建築学会賞を受賞した際に書かれた「聖堂の建築——受賞雑感」の中に、「設計上では最初は困った。カトリックは新教と異なったところがあることはもちろんだが、一種の型のようなものがあるように思えた。…変わった教会の写真を見せたりしたが全部否定された。ペレーの作品などもだめだった」というくだりがある。

さて、ほんとうは、この章の最初に書くべきだったかもしれない遠藤於菟(一八六六〜一九四三)である。彼はペレよりも八歳も年長であるから、ペレから影響を受けたわけではないかもしれないが、日本にあって鉄筋コンクリート造の建築を果敢に推進した人で、時に「日本のペレ」とも評される。彼を「日本のペレ」と最初に呼んだのは、蔵田周忠らしいが（『有隣』第487号、2008年6月10日における堀勇良氏の指摘）、ペレとほぼ同時期に鉄筋コンクリート造の建築的パイオニアとして活動しており、実際、彼の歩んだ道はペレの軌跡と似ているであろう。それに、先述の「吉田鉄郎は、遠藤於菟の毎日新聞社の傍を同行中、私に『ペレー的だ』と語った」という話も残されているから、遠藤の作品をペレ的と考えた人はほかにもいたかもしれない。

たしかに毎日新聞（当時は東京日日新聞社、一九一七年）とほぼ同時期の作品、三井合名会社三号館（一九一五年）や三井物産名古屋支店〈一九一六年〉や明治中学校（一九二二年）などはペレ的ともいえ、ペレ自身に先駆けてペレ・スタイルを模索した仕事ともいえる。開口部が横に連続せず、柱形が縦にはっきりと通り、頂部にはコーニスが突出するといった点がその共通の要素である。しかし、これらの建物はすべて失われており、いまは見ることができない。唯一、横浜生糸検査所の付属倉庫事務所（一九二六年）が横浜市の指定文化財となって現存している（図7−14）。また、横浜生糸検査所自体の建物（現・横浜第2合同庁舎、一九二六年）もその外観が再現されて横浜市認定歴史的建造物となっており（図7−15）、さらにかつて四棟あった付属倉庫の一棟がオリジナルの材料を活用しながら復元中（二〇二〇年春完成予定）で、これもまた横浜市認定歴史的建造物である（図7―16、17、18）。復元された一棟に加えて、もう一棟のファサードも復元されており、かつてあった四棟の倉庫の配置間隔が再現されている。これらの旧・横浜生糸検査所関連の施設にも先述の特徴が共通してあるが、加うるにこれらの柱には柱頭飾りが見られ、よりクラシックな趣きが増している。もちろん、その柱頭飾りはオーダーの柱頭とは異なり独自のものである。さらに柱は煉瓦で覆われている。煉瓦タイルではなく煉瓦そのものであり、それはコンクリートの型枠を兼ねたものだったという。この旧・横浜生糸検査所関連の建物は遠藤が独自に到達した到達点であろうが、それがくしくもペレ・スタイルとなっていることが興味深い。そういえば、遠藤於菟の建築家としての出発点は横浜税関の倉庫の工事監督であり、また横浜正金銀行本店の現場もやっているから、ペレと同様に施工現場をよく知った建築家だったことがわかる。

遠藤於菟の最初期の作品として横浜銀行集会所（一九〇五年、関東大震災で倒壊）が名高いが、これは鉄筋コンクリート造ではなく煉瓦造ではあったが、一部に見られるアール・ヌーヴォーの意匠が注目された。ペレのフランクラン通りのアパート（一九〇四年）がアール・ヌーヴォー風の模様のタイルを用いていたことと共通するところである。その後の日本最初の全鉄筋コンクリート造のオフィス・ビルとして名高い現存する三井物産横浜支店（一九一一年、一九二九年に増築、現・KN日本大通りビル）（図7−19、20）が、ペレ風というよりもややオットー・ワグナー風ではあるものの、一九二九年の増築部分は少しペレ的とも言えなくもない。

これは余談の類になるかもしれないが、創立時の分離派建築会のメンバーの一人、矢田茂（一八九六〜一九五八）が、その創立宣言を収めた『分離派建築會の作品』（一九二〇年）に「懐疑より自覺へ」と題する論考を発表しており、そこに「遠藤於菟氏は、『建築は、装飾されたる構造物で而も有用なるもの。』と言はれてゐる。建築に定義を與へることの可否は別として、この言葉が建築のある方面をうまく、表はして居ることゝ思ふ」と書いている。ここでの遠藤於菟の登場はやや唐突のように見えるが、分離派の世代にも遠藤於菟の一九一〇年代の活動が影響を及ぼしていることがわかるであろう。矢田茂のこの論考は、「建築は絶對なり」といった宣言集向きの章題もあるにはあるが、概ね過激に陥らずバランスよく書かれており、冷静な探求と思考のあとがうかがえるものである。『分離派建築會の作品』における森田慶一の論考も同じく過激ではなかったが、森田と矢田、そして遠藤とペレとの間に共通するものはなにか、たまたまそうなっているだけなのか。

すでに述べたが、森田と矢田は、分離派の宣言文集『分離派建築會の作品』に収められた論考のなかでも、あまり奇矯でも過激でもなく最も穏当なほうであった。彼らは声高にアピールするよりも地道に考えることのほうが得意であったように思われる。その二人がペレと遠藤に反応した。ペレと遠藤もまた、過激な発言をせずに新しい材料が社会になじむ方法に工夫をこらした。彼らは新しい材料によって人を驚かせようとしたのではない。新しい材料の可能性と融通性と継続性を示そうとしたのである。柱・梁構造の鉄筋コンクリート造を用いて、従来の建築と連続するものを提示しようとすれば自ずと似たようなものになるであろう。古典主義建築は同じようなオーダーを用いて無限のヴァリエーションをつくりだしてきたのである。そのヴァリエーション自体も人の個性や時代によって左右されるであろう。遠藤のほうが時期が少し早いだけによりクラシックな細部形態のイメージを残しているかもしれない。しかし、やろうとしたことは同じであった。なお、矢田は分離派建築会参加の後、一九二二年に清水組(清水建設)に入り、後に同社の取締役技師長兼設計部長を務めている。

図7－1　大阪中央郵便局　外観。2012年、解体工事が始まる直前の写真。

図7－2　大阪中央郵便局　外観細部。柱・梁を除いて全面が窓で、壁がない。

図7－3　ランジュ邸　パリのポルト・ド・パッシー広場に建てられた4階建ての戸建て住宅。集合住宅のようにもオフィスのようにも見える。

図7－4　北陸銀行新潟支店　正面外観。コーニスが大きく突出している。

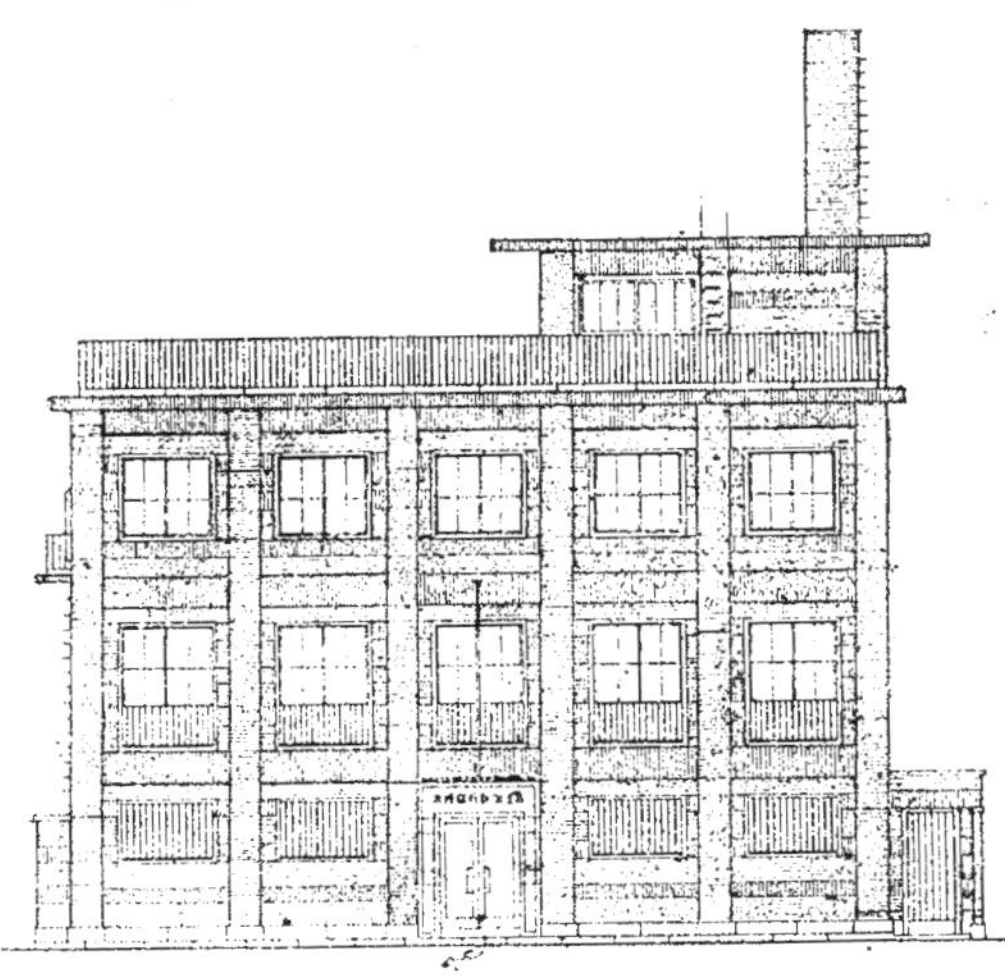

図7－5　北陸銀行新潟支店　正面立面図。3階建ての小規模なオフィス。

図7－6　京都大学基礎物理学研究所湯川記念館　外観。左右対称で整然としている。2階のバルコニーが唯一の弧を描く。

図7－7　京都大学基礎物理学研究所湯川記念館　正面外観。2階とコーニス下端に三角形モチーフのクロストラが見られる。

図7－8　京都大学基礎物理学研究所湯川記念館　外観細部。2階のテラスとクロストラ。

図7－9　京都国立博物館新館　正面外観。まったくシンプルで整然としている。1979年の写真。

図7－10　京都国立博物館新館　側面と正面の写真。左の円筒形のものは、正門（1895年竣工で国の重要文化財）につながる袖塀の一部。

図7－11　鳴門市文化会館　内部のホール。柱が上のほうが太くなっている。図1－42とくらべて見てほしい。

図7－12　日本基督教団南大阪教会　全体外観。十字と円のクロストラが見られる。

図7－13　日本基督教団南大阪教会　外観細部。十字のクロストラはペレと同じで、その腕の部材は両端が太くなっている。

図7－14　旧・横浜生糸検査所の付属倉庫事務所　外観。右の方に生糸検査所の本館、後ろの方に倉庫が4棟立っていた。

図7－15　旧・横浜生糸検査所の本館（現・横浜第2合同庁舎）　外観。復元竣工が1993年であるが、それから四半世紀を経て、見慣れた景観となってきている。

図7－16　旧・横浜生糸検査所倉庫　外観。4棟の倉庫の一つが復元された。柱の部分の煉瓦は当初のものを使っている。

図7－17　旧・横浜生糸検査所倉庫　左側が復元された倉庫。右側の高層棟の足元にもう一つの倉庫の外観が、2棟の間隔を当初と同じにして復元されている。

図7－18　横浜生糸検査所倉庫（帝産倉庫）　4棟のうちの2棟の間のスペース。生糸検査所倉庫は竣工後間もなく帝産倉庫となっていた。2005年の写真。

図7－19　旧・三井物産横浜支店（現・KN日本大通りビル）　全体外観。左側が1911年創建の部分で、少し引っ込んだ中央部分と右の部分が1927年の増築部分。造形的細部はほとんど同じだが、コーニス下端の持送りなど、増築部分のほうが繰形など少しシンプルになっている。2014年の写真。

図7－20　旧・三井物産横浜支店（現・KN日本大通りビル）　外観細部。遠くから見るとシンプルであるが、近づくとかなり凹凸に富んでいる。

八、ペレの現在的意味

——歴史の継続

最後に、今日ペレを再考することの意味を考えておこう。まず、簡単なほうから。鉄筋コンクリート造の歴史的建造物の保存は、ヨーロッパの従来の石造建造物の保存とは異なって多くの問題を提示しており、様々な試みを伴いつつ実施されているようである。鉄筋コンクリートは本来が一体的な構造であるから、部材を一部とりかえるというわけにはいかず、しばしば相当な部分を打ち直すか、いっそ全部を打ち直したほうが作者のコンセプトをより明確に伝えられるという考え方もでてくる。それでは復元と同じだということになってしまうし、それに根本的にこれが作者のコンセプトだと誰が決め得るのか。作者も時代の産物であり、歴史的な資料というのは作者ですら気づいていない時代や地域の考え方や技術をも伝えていくべきものだからである。

ペレの建物も、鉄筋コンクリートの保存の実践例としていくつかのサンプルを提供している。たとえば、ル・ランシーの教会は早くも一九六六年にフランスの歴史的記念建造物に指定されているが、一九七〇年から保存のための調査に入り、一九七九年から実際の修復に入り、一九九六年に一応の修復は終わったらしいが、その間に担当の修復建築家がしばしば変わり、つごう四人の修復建築家がいれかわり関わったという。これは従来の石造建造物の保存とは異なったかなり難しい判断をせまられたことを示しているであろう。コンクリートブロックであるクロストラは全部取り換えられたというし、コンクリートの品質そのものが悪く、他の部分もかなりの部分が新しいものにとりかえられたという（《Béton et Patrimoine》Les Cahiers de la Section Française de l'ICOMOS 18, Janvier,1999 および深川絵里香・羽生修二「ル・ランシーのノートル・ダム教会堂の保存・修復について」日本建築学会大会学術講演梗概集、2005年）。取り換え可能なコンクリートブロックをしばしば用いてはいるものの、コンクリートそのものに様々な工夫をこらし、ディテールにも細かな意図を加えようとしたペレの建物は、その一つ一つが保存の方法を問うていることになる。

もう一つのペレが果たした役割を日本でどう考えるかという、より重要な問題がある。ペレの日本における知名度はそれほど大きくはない。今日でも、フランクラン通りのアパート（一九〇四年）という最初期の鉄筋コンクリート造を設計したパイオニア、そして近代の教会建築の雛形としてル・ランシーの教会（一九二三）という鉄筋コンクリート造の教会を提示した建築家としてのみ知られているだけかもしれない。フランクラン通りのアパートは、モダニズムを推進し補佐した建築史家たちが斬新でありつつ意外と街並みに溶け込んだこの作品をたまたま取り上げただけかもしれないし、ル・ランシーの教会は鉄筋コンクリートという新材料と低予算によっても、日常性と機能性を超えた神聖で超越的な空間を生み出せるのだという格好の例としてとりあげただけかもしれない。あるいはまた、二〇〇五年に世界文化遺産になったル・アーヴルの再建事業を指揮した建築家としても知られているかもしれない。

しかし、彼の仕事の真骨頂は、土木事業博物館(一九三七年、現・イエナ宮)、国有動産保管所(一九三六年)、海軍造船技術部庁舎(一九三一年)、レヌワール通りのアパート(一九三二年)、ガルシュのヌーバール＝ベイ邸(一九三一年)など一九三〇年代の作品にあるように思われる。両大戦間期の一九三〇年代は、国や民族の威信の表現が尊ばれて記念碑的で古典主義的で地域伝統的なものを想起させる造形が多い。結果的にはペレはそうした風潮の最先端を担ったことになるが、ペレの仕事はそれほど国粋主義的でも威嚇的でもない。もちろん、彼がそうした傾向の流れに乗ったかもしれないこと、そして十七世紀の後半以降十九世紀まで、フランスが世界の建築文化の中枢を担ってきており、フランス的であることが世界的であったということを考慮に入れたとしても、彼の仕事は単純に記念碑的でかつ穏健な状態でとどまっている。この時期に彼が目指したものは、鉄筋コンクリート造の建物を歴史のある都市の景観の中に溶け込ませることであった。近代建築史に必ず取り上げられるフランクラン通りのアパート（一九〇四年）も、ファサードに多少の凹凸があるが、当初から外観が際立って目立っていたわけではない。ル・ランシーの教会（一九二三年）も、その外観は街並みと隔絶して屹立しているわけではない。そして、ここにあげた一九三〇年代の作品は、もっと街並みに溶け込んでいる。

街並みに溶け込ませるためにペレが行ったことは、まず建物のプロポーションを従来のものとあまり変わらないものにすることであった。とりわけ窓は伝統的な縦長を好んだ。ペレとて、「パレ・ド・ボワ」（一九二四年、数年後取り壊し）（図8－1）という仮設の美術館や上述の海軍造船技術部庁舎やレヌワール通りのアパート（図8－2）に横長の窓を用いてはいるが、それもほんの一部であり、しかもその窓も切れ目なく水平に連続するわけではなく、なんらかの垂直方向の分節があって、一種のリズムをもたされている。ペレ自身、縦長の窓を是とする理由を、横長窓は光の拡散状態が悪く、天井と床が暗いこと、換気も悪いこと、木製サッシだと開閉が困難でスチール製のサッシは高価なこと、空や道路が見えず眺望の悪いこと、窓の掃除がしにくいこと、縦長の窓のほうが光を奥まで通すことといった細かで現実的な理由をあげており、そして最後に縦長の窓は人間のシルエットにあうこと、垂直線は生命の線であり、逆に水平線は死と休息の線だと述べている

（《Encyclopédie Française》T.XVI（1935）の“Les besoins collectifs et l'architecture”の項）。この説明にはあまり科学的とはいえない強引なところもあるかもしれないが、要するに縦長の窓のほうが人間のプロポーションに合い、より人間的だと言っているのであろう。ル・コルビュジエの著書『近代建築年鑑』（《Armanach d'Architecture Moderne》1926）には「窓、それは人間なのだ」とペレが発言したという記述も見られる。

リズムについてもすでに少し触れたが、リズムはまずは分節である。切れ目なく一様につながるものにはリズムは生まれない。分節されたものが、規則的に、あるいは微妙に変化しながら繰り返されることによってのみリズムは生まれる。鉄筋コンクリートは本来一体的な構造であるからリズムを生み出しにくいのであるが、ペレはコンクリートを打ち次ぐ際に目地をつくりだすことによってリズムを生み出そうとした。ブロックを積んだような雰囲気になることもあるし、実際にコンクリートブロックを使うことを好んだ。そして、コンクリートそのものを石材のようにすることを好んだ。彼は骨材に石材を入れ、石材のようなテクスチャーにしたし、渋いバラ色の砂岩のようなテクスチュアーにもした。つまり、彼はコンクリートを石に近づけようとしたのである。

プロポーションとリズムの踏襲にくわえて、ペレは具体的な形態細部においても伝統的なものを想起させるものを使った。柱頭やフルーティングに代わるものを付けて柱をオーダーのように自立したものとすること、簡潔なモールディングをもつコーニスをつけることなどがその工夫である。もちろん、それらは古典主義的なオーダーの形そのものではない。しかしそれらと視覚的につながるものであった。これらはすべて、街並みの連続性を保つためであった。世界遺産の「ル・アーヴルは多くの再建された都市の中でその統一性と完全性において特別の存在である。それは既存の街の基本形と歴史的な構造の熟慮を都市計画と建設技術の新しい考えに結び付けたものである」とか「彼（ペレ）は古典主義の精神の下に育まれ、十九世紀の技術的発展の遺産を保持している」とか「この街の精神は、道路は機能性を保ちつつも閉鎖的な構造の街区による『ネオクラシカル』なものと見なされる」と書かれているのも同じことを指摘しているのであろう。

ペレは鉄筋コンクリートでまったく新しい世界をつくろうとしたのではない。誰もが使える安価でフレキシブルな鉄筋コンクリート造によって伝統とつなげようとしたのである。そのため、彼はコンクリートを石材のように詩情あるものとしようとし、景観を切断されない連続的なものにしようとした。ペレを今日再考する必要があるとすれば、時を経て築かれてきた景観と建築との親和性、連続性の実践者としてであろう。

図8－1　パレ・ド・ボワ　仮設の美術館であったが、少し生き延び、数年間エコール・デ・ボザールのペレのアトリエとして使われた。

図8－2　レヌワール通りのアパートのペレの事務所　横長の窓というよりも柱を除いて全面開口部。図1－35と同じ場所の写真。

オーギュスト・ペレの言葉

（これは『フランス百科事典L'Encyclopédie Française』の16巻（1935年11月10日刊行）の68分冊、「Aセクション　集団的社会的必要」の「2.集団的必要と建築」をペレが書いており、それは「構築の方法」「同時的なプログラム」「建築の様式」からなる。さらに「構築の方法」は「楣石」「ヴォールト」「ルネサンス」「鉄」からなり、最も長い「同時的なプログラム」は、「住宅」（屋根・窓・部屋に細分される）と「公共建物」（市場・病院・ドック・百貨店・公共施設・工場・証券取引所・駅・大学・学校・博物館・図書館・議事堂・裁判所・教会・神殿・スポーツ施設に細分される）からなる。以下は、最後の節題「建築の様式」の部分を翻訳したものである。因みに、このセクションの「1.集団的必要と土木」はル・コルビュジエが書いている。なお、文中に（16・28「造形芸術における比例」を参照）とあるのは、この百科事典の16巻28分冊の当該部分を見ろということで、その部分の執筆者はマティラ・ギカである。）

建築の様式

建築家は、構築の方法、並びに一時的な条件すなわちプログラムと用途と機能とが深く沁み込んだ充たすべき恒久的な条件を完全に把握し、不可知の割合で科学と直感が混じり合った化学を手段として、求められた業務を一挙に満たす内部空間と身廊と柱廊、唯一で典型たるべき創造物、を創造しなければならない。もしそれが適えられていれば、その建物はそれがなんのためのものかを一瞬にして示すであろう。それが、我々が性格caractèreと呼ぶところのものである。もし性格が最小限の材料の使用で適えられていれば、それは様式styleをもつであろう。ラシーヌは「様式、それは最小限の言葉で表現された思想である」と言っている。

その建物は、その価値を損なわないでは、そこから削除したり付け加えたりできないほどよく構成されていることがわかるであろう。性格と様式は、芸術作品に必要な二つの性質であるが、それらが必要、絶対に必要、であるとしても、それだけでは十分ではない。

装飾　さらに装飾が必要だとおそらく人は言うであろう。建築美の究極の要素を明らかにし得る微妙で今日的な問題である。装飾の問題は、いまの多くの産物がとる無装飾によって今日的な懸案事項とされてきた。もちろん、今日の強力な構築手段は十分に大胆さを許すであろうが、新しさのための新しさの探求が、ある種の作者たちを極端にまで導いている。

我々の建物に、不当に取り除かれたものを取り戻させよう。支えている部分を際立たせよう。充填物を、支えている部分から区別しよう。我々の建物に、悪天候から守るのに必要な器官、コーニスや胴蛇腹や額縁や刳形などを備え付けよう。それらは埃の混じった雨の下に建物を建築家が望む状態に保つのであり、こうして問題は解決されるであろう。

もちろん、建築家や技術者は、その作品に含まれる美の要素を際立たせ、それを歌わせることが出来なければばならない。たとえば、エッフェル塔。当初、それはおぞましいものだとみられていたが、いまは建築の傑作だとされている。その価値は、この不当な評価にあるのでも過剰な名誉にあるのでもない。この塔の安定性は四つの双曲線の骨組に存する。しかし、作者はその塔を装飾的にするために、盾形装飾を伴ったアーチのバルコニーで飾り、塔を分断している。彼は、四つの足の間に構築とはまったく関係にない高価なアーチを置いた。この四つの双曲線を、根元から頂点まで一気にそびえさせるために、適切な刳形や、必要であれば彩色や金箔で強調させなければならなかった。そのようにしてエッフェルは、球状の穹窿をもつ最初の建物がドームを創り出したように双曲線を創り出したのであろう。

アレクサンドル三世橋においては、高貴な部分、支えている部分は、川を一飛びでまたいでいるアーチである。目立たせなければならないのはそのアーチであり、歌わせ輝かせなければならないのもその美の要素である。技術者は装飾家に助けを求め（おそらくそう強いられたのであろう）、装飾家は盾形装飾やラッパを吹く天使や花飾りで覆って、この作品に含まれる本当の美の要素をすぐに根絶やしにしてしまったのである。

オルリーの飛行機格納庫群の場合には、その用途と状況もあって、芸術にしようとはされなかった。懸垂曲線もしくは放物線の形をした湾曲面は破壊されず、一目でそれらの建物の用途が何であるかがわかる。それ故に、それらは性格をもつ。最も厳しい経済性をもって建てられたそれらは、様式をすらもつ。しかし、これは建築であろうか。否、いまだそうではない。それは偉大な技術者の作品であって、建築家の作品ではない。この格納庫群を非常に遠くから見る時、半分埋められたこの二つの大きな円筒形は何だろうかと自問する。同じ距離をもってシャルトルの大聖堂を見る時、この大きな建物は何だろうかと自問する。しかし、オルリーの格納庫の一つの中だけでも、ランスやパリやシャルトルの大聖堂を容易に置くことができるだろうし、その面積は五つの大聖堂の面積分あるだろう。

オルリーの格納庫が建築作品であるために欠けているもの、それは調和harmonieと比例proportionである。それは人間的なスケールである。

調和、それはギリシア人が恒久的な条件、すなわち安定性、気候的条件、視覚的条件などに完璧に適応させて獲得したものである。比例、それは人間自身である。ある時期、建築家たちは規制図形を用いていた（16・28「造形芸術における比例」を参照）。規制図形がエジプトにおいてはギリシアよりもずっと少なかったし、ゴシックにおいてはまったく無かったことははっきりしている。比例に対して、詩人で数学者のエドガー・ポーが言ったことをあてはめることができる。「数学は、芸術家がその芸術から引き出すもの以上の絶対的な証明を供給し得ない」。建築家によって考えられた建物を鉄筋コンクリートで構築することになれば、それは我々が「骨格ossature」と呼ぶ手段による。この骨格は、内部空間や建物において、動物における骨組と同じものである。リズムがあり、バランスがとれ、左右対称的な動物の骨組が様々な位置に配された様々な器官を含み支えているのと同じように、建物の骨格もリズムがあり、バランスがとれ、左右対称的ですらあるように構成されなければならないであろう。それは、器官、すなわち用途や機能が求める様々な業務を含み込み得なければならないであろう。

それは、建築のまさに基礎である。もし構造がはっきり見えるに値しなければ、その建築家は使命をよく果たさなかったことになる。一本の支柱、一つの支持部分を隠す者は、内部においてであれ外部においてであれ、建築の最も気高い要素、最も正当的なもの、最も美しい装飾を奪うことになる。建築、それは支持点を歌わせる芸術である。

一本の円柱、一本の支柱、何らかの支持部分を隠す者は、一つの過ちを犯すことになり、偽りの円柱をつくる者は、一つの犯罪を犯すことになる。フェヌロンは、演説の美について語った際に、「一つの建物の中に、装飾だけのためのどんな部分も許してはならない。そうではなくて、常に美しい比例を目指し、建物を支えるのに必要なすべての部分を装飾に変えなければならないのである」と言っている。そして、レミ・ド・グールモンは「様式の問題」の中でこの言葉を引用して、こう付け加えている。「フェヌロンは、三十語で、建築とおそらくは全芸術のすべての理論を与えた」。

骨格は、その用途に応じるために選ばれた充填物によって補われなければならないであろう。外部に対しては、それは防水的でなければならない。その寸法は、人間の作品の主たる破壊の原因となる気温の変化に伴って生じる膨張と収縮という現象を考慮しなければならないであろう。したがって、それは多くの接合部が膨張と収縮から生ずる変化を回復するように、大き過ぎてはならないであろう。その抑えられた寸法は、その建物の尺度となるであろう。壮大さをつくるのは、数であって寸法ではないからである。充填物を伴ったこの大きな大工仕事の建築は、まさに彫刻と絵画のために用意された額縁であり、彫刻と絵画は強力な機械の助けを得て建てられた人間の息子というよりも機械の息子である建物を人間的な尺度に戻すのに益々必要になるであろう。

一言でいえば、建築家は、使用可能で作品に持続性を付与し過去とのつながりをつくるあらゆる材料を用いて、プログラムに満足を与えなければならないということである。恒久的なものによって一時的なものを満足させること。新奇性にとりこまれてはならない。「すぐに最も古く見えるようになるもの、それは当初最も新しいと見えたものでる。一時の媚び、一時の装いは皺の約束である」とジードが言ったように。気に入られなくなった建物は、明日壊されるだろうと言われないだろうか。それはインフレーションの時代の幻想である。建物は生き長らえなければならないし、過去をつくらなければならない。過去は生命を伸ばすのである。建築家は、プログラムの現代的な条件を裏切ることなく、同時代の材料の使用も裏切ることなく、いつもそこにあったと見える作品、一言でいえば月並みな作品、を生み出すのであろうし、そうした人は自分を満足だと思うであろう。

オーギュスト・ペレ年譜

一八七四年

二月十二日、ベルギーのブリュッセル郊外のイクセル地区にクロード＝マリ・ペレ、ポリーヌ・ペレの長男として生まれる。姉が一人いる。父親はブルゴーニュ地方の代々の石工の出身で、パリで施工業を営んでいたがパリ・コンミューンに加わって亡命中であった。旧姓ポリーヌ・ロリメのパリ出身の母親も、祖父が石工、父親が大工でペレと建設業との関わりは深い。

一八七六年（二歳）

三月十四日、弟ギュスターヴ生まれる。

一八八〇年（六歳）

七月七日、弟クロード生まれる。

一八八一年（七歳）

ペレ一家はブリュッセルの亡命先からパリに帰還。翌年、父親は施工業を再開。

一八八五年（十一歳）

プロテスタント系のリベラルな教育で知られるエコール・アルザシエンヌに入学。

一八八九年（十五歳）

パリ万博の際に復元されたル・タンプルの塔の工事に携わる。ペレは幼少の時から父親の仕事場が遊び場であり、工事現場で早くから鍛えられていた。

一八九〇年（十六歳）　エコール・アルザシエンヌ卒業。ノルマンディー地方のベルヌヴァル＝シュル＝メールに別荘を設計・施工。

一八九一年（十七歳）　七月、エコール・デ・ボザールに入学。入学成績は約七〇〇人の受験者中、二十二番だったとされる。

一八九三年（十九歳）　エコール・デ・ボザールの上級に進級。下級では二つの賞を伴う二十九単位を獲得。

一八九四年（二十歳）　ローマ大賞に初挑戦。

一八九五年（二十一歳）　ローマ大賞に再挑戦。「競馬場」の課題で米国建築感謝賞を獲得。

一八九六年（二十二歳）　ランスで一年間の兵役に服す。一家はヴォジラール通りからロシェ通りに転居。一八九四年から実施していたパリのソルビエ通りに石造七階建てのアパート四棟が完成。

一八九八年（二十四歳）　スペイン・北アフリカ・トルコを旅行。パリのフォーブール＝ポワソニエール通りに貸事務所ビル竣工。

一八九九年（二十五歳）　サン・マロのカジノ竣工。床に鉄筋コンクリートを使う。

一九〇一年（二十七歳）　エコール・デ・ボザール退学。上級では五つの賞を含む三十一単位を獲得。

一九〇二年（二十八歳）　一月三十日、ジャンヌ・コルドー（一八七七〜一九六四）と結婚、レヌワール通り51番地に新居を構える。後にペレの生涯の事務所兼住宅となる51〜55番地のレヌワール通りのアパートと同じ場所である。ジャンヌはエコール・デ・ザール・デコラティフに通っていた。パリのヴァグラム通りのアパート竣工。

一九〇四年（三十歳）　フランクラン通りのアパート竣工。起工は前年一九〇三年の五月。ここがレヌワール通りのアパートの竣工まで事務所兼住居となる。パリのド・ラ・トゥール通りの学校、ニエル通りのアパート竣工。

一九〇五年（三十一歳）　父親クロード＝マリ死去。会社名はペレ父子からペレ兄弟となる。二十階建てのビルが林立する高層都市計画案を発表。

一九〇六年（三十二歳）　レヌワール通り48番地のアパート竣工。

一九〇七年（三十三歳）　ポンテュー通りのガレージ竣工（一九二八年に増築案も設計し

ているが実現せず、一九七〇年に解体）。サルブリ（ロワール＝エ＝シェール県）の狩猟家のためのサロン竣工。

一九一一年（三十七歳）
ビエーヴルのポール・ジャモ邸の増改築工事竣工。

一九一二年（三十八歳）
パリのミュラ通りのポール・ガデ（一八七三〜一九三一）の自邸の施工を担当。この頃までは施工のみの仕事もかなり実施していた。ポール・ガデはジュリアン・ガデ（一八三四〜一九〇八）の息子で、ペレと同じ一八九一年にエコール・デ・ボザールに入学し、父親のアトリエに属した。一九〇四年にボザールを卒業。ガデ自邸は鉄筋コンクリート造であり、設計に関してもペレの助言があったとされる。

一九一三年（三十九歳）
シャンゼリゼ劇場竣工。主たる施工もペレが担当。ロジェ・ブヴァール（一八七五〜一九六一）、次いでアンリ・ヴァン・デ・ヴェルデ（一八六三〜一九五七）が関わっていたシャンゼリゼ劇場の設計にペレが参画することになった契機は、鉄筋コンクリート造の専門家としてであった。

一九一五年（四十一歳）　モロッコのカサブランカのドック竣工。パリのクロード・ロラン通りの画家テオ・ファン・レイセルベルへ（一八六二～一九二六）のアトリエ竣工。

一九一六年（四十二歳）　サン＝ジェルマン＝アン＝レーのモーリス・ドニのアトリエとチャペル修改築。

一九一九年（四十五歳）　パリのフィリップ・オーギュスト通りのエスデール工場、カサブランカの工業用倉庫竣工。

一九二一年（四十七歳）　パリ、モンパルナス墓地のジャモ夫人の墓竣工。モンタテールの印刷工場と鋳造工場竣工。

一九二二年（四十八歳）　「塔状都市」案発表。

一九二三年（四十九歳）　ル・ランシーの教会竣工（主たる施工もペレ）。『アルシテクチュール・ヴィヴァント』誌の創刊号に大きくとりあげられる。

パリのオリヴィエ＝メトラ通りのタピストリー工場、ナンスーティ通りのピエール・ゴー（美術蒐集家）邸竣工。

一九二四年（五十歳）　エコール・デ・ボザールの学外アトリエ主宰（一九三〇年ま

で）。ポルト・マイヨの仮設美術館「パレ・ド・ボワ」竣工、そこが学外アトリエとなるが、学外アトリエの閉鎖とともに解体。

一九二五年（五十一歳）

アール・デコ博で劇場とアルベール・レヴィ出版社館を担当。モンマニーの教会、グルノーブルの展望塔「ペレ塔」の竣工。チェコスロヴァキアの白獅子勲章、ルクセンブルグの柏葉冠勲章受章。

一九二六年（五十二歳）

ヴェルサイユのカッサンドル（一九〇一〜一九六八、ポスター画家・グラフィックデザイナー）邸、ヌワヨンのヴェレ邸、パリのスラ小路のシャナ・オルロフ（一八八八〜一九六八、ロシア出身の女性彫刻家）邸竣工。サント・ジャンヌ・ダルク教会のコンペに応募。レジオン・ドヌール勲章（シュヴァリエ）受章。

一九二七年（五十三歳）

パリ、ドワニエ通りのジョルジュ・ブラック邸竣工。アレクサンドリアのギュスターヴ・アギオン邸竣工。国際連盟会館コンぺに応募。ポール・ジャモ『A・-G・ペレと鉄筋コンクリートの建築』出版。

一九二八年（五十四歳）　パリ、サイド小路のブレッシー邸竣工。

一九二九年（五十五歳）　パリ十七区の音楽学校の演奏会用ホール「サル・コルトー」竣工。シャロン＝シュル＝サオーヌにあるコロンビエール礼拝堂、サン・ブノワの女子修道院、パリ・ヴォージラール通りのムラ・ミュテール邸、ブローニュ＝ビヤンクールのドラ・ゴルディーヌ（一八九五～一九九一、女性彫刻家）邸とマルグリート・ユレ（一八九五～一九六八、女性画家・ステンドグラス作家）邸竣工。現代美術館のスケッチと論文を発表。

一九三〇年（五十六歳）　エコール・スペシャル・ダルシテクチュールの教授就任。パリ、ポルト・ド・パッシー広場のランジュ邸竣工。ブールデル美術館案設計。

一九三一年（五十七歳）　海軍造船技術部庁舎とパリ近郊ガルシュのヌーバール＝ベイ邸竣工。ヴァンヴのサント・バティルド女子修道院、サン・サン一九三二年（五十八歳）　フォリアンのカプチン会修道院チャペル竣工。ソビエト宮コンペに応募。ポルト・マイヨ再開発案提出。レヌワール通りのアパート竣工、生涯のオフィス兼住居となる。「建築：科学と詩」を『ラ・コンストリュクション・モデルヌ』誌に発表。『アルシテクチュール・ドージュルデュイ』誌のペレ特集号刊行。

一九三三年（五十九歳）　アレクサンドリアのエドゥアール・アギオン邸竣工。一九三七年博の計画案とシャイヨ宮を提示するも採用されず。美術・考古学協会で「建築」と題して講演。

一九三四年（六十歳）　ソーのシャルル・モーデュイ邸竣工。

一九三五年（六十一歳）　『フランス百科事典』の原稿寄稿。

一九三六年（六十二歳）　国有動産保管所竣工。

一九三七年（六十三歳）　土木事業博物館「イエナ宮」竣工。第二回国際美学・芸術学会議で論文発表。

一九三八年（六十四歳）　カイロのエリアス・アワド邸竣工。

一九三九年（六十五歳）　アレクサンドリアのアリ・イェヒア邸、イスワールの軽金属工場、ブザンソンの時計工場竣工。

一九四〇年（六十六歳）　イスタンブールの大劇場案設計。

一九四一年（六十七歳）　トルコのアタチュルク墓廟コンペ応募。

一九四三年（六十九歳）　フランス学士院会員となる。

一九四五年（七十一歳）　ル・アーヴルの再建復興開始（一九六四年終了）。エコール・デ・ボザールの学外アトリエ主宰（一九五四年まで）。フランスの建築家協会の会長となる。『アール・プレザン』誌がペレ特集号を組む。

一九四七年（七十三歳）　『ヴェルク』誌に「建築理論への寄与」を発表。

一九四八年（七十四歳）　アミアン駅前の高層住宅竣工。アルジェリアのアルジェの集合住宅竣工。王立英国建築家協会（ＲＩＢＡ）のゴールド・メダル受賞。

一九四九年（七十五歳）　デンマーク美術アカデミー名誉賞受賞。『テクニーク・エ・アルシテクチュール』誌がペレ特集号を刊行。

一九五二年(七十八歳)　ル・アーヴル市庁舎、マリニャーヌの飛行機格納庫竣工。米国建築家協会(AIA)のゴールド・メダル受賞。『建築理論への寄与』出版。弟ギュスターヴ死去。

一九五三年(七十九歳)　ル・アーヴルのサン・ジョゼフ教会竣工。

一九五四年(八十歳)　二月二十五日、レヌワール通りの自宅で死去。

一九六〇年　弟クロード死去。

一九六一年　UIA(国際建築家連合)にオーギュスト・ペレ賞が設けられる。

一九六四年　妻ジャンヌ死去。

あとがき

二〇一九年の三月に東京女子大学のオープンキャンパスの機会に礼拝堂やその他のレーモンド設計の建物を数十年ぶりに見た。参加者は受験希望者単独か、それに保護者を伴うのがふつうで、老人男性が一人でうろうろしているのを少しいぶかしられたが、おかげでゆっくり見学することができた。あのキャンパスの一画は、レーモンドがライト的なものからペレ的なものを経てル・コルビュジエ的なモダニズムへと至る変革期の軌跡をよく示す建物群で、非常に興味深いものだった。それと共に、当時のペレの作品がもっていたインパクトの強さをあらためて感じた。

遠藤於菟の晩年の大作、旧・横浜生糸検査所倉庫の復元の竣工も間もなく終わるようで（二〇二〇年春完成予定）、「日本のペレ」とも評される遠藤の仕事とペレの仕事とはどう違うのかをいろいろと考えさせられた。ペレを再考することは、結局は「伝統と革新」「継続と切断」ということを考えることでもある。最近、高層の集合住宅が次々と建てられているが、それらのデザインを見ると、ペレが一九三九年にアルジェの海岸地区エル・ビアールに設計して実現しなかった集合住宅の透視図に似ていて、奇妙な既視感にとらわれることがある。

『オーギュスト・ペレ』（SD選書）を出してから三十五年、書いたほうはいつまでも同じようなところを経巡っているだけだが、ペレの豊かさにあらためて気づかされた。これまた随分むかしに、「巨匠論」（『シリーズ都市・建築・歴史7　近代とは何か』東京大学出版会、2005、所収）という文章を書いたことがあり、そこにペレは「フランスの巨匠」にすぎないと書いてしまったことがある。ペレ論をもっと深めろという要望があったのかもしれないが、あまりきちんと応えられなかった。しかしいま考えると、普遍的な巨匠というのは、結局どこにでも通用するもの、骸骨のような骨格をしか備えていなかったとも言え、ローカルな巨匠のほうがつまるところ豊かな皮膚と肉を備えた魅力ある巨匠なのかもしれない。人もまた皮膚と肉に動かされるのであり、歴史もまたそれによってつくられる部分がある。

本書を書くに際して、『ペレ兄弟全集』と『ペレ百科事典』など、横浜国立大学の建築史の研究室の資料を再び見ることができた。記して感謝したい。また、本書の図版の一部にこの両書とJoseph Abram《Auguste Perret》(Patrimoine,2013)の図版を使っている。そして、ペレと日本の関わりについて再考する機会を与えられ、いろいろご助言を下さった王国社の山岸久夫氏にいつもながら深く感謝する次第である。

吉田鋼市

二〇二〇年四月

吉田鋼市（よしだ　こういち）

1947年、兵庫県姫路市生まれ。

1970年、横浜国立大学工学部建築学科卒業。

1977年、京都大学大学院建築学専攻博士課程単位取得退学。

1973～75年、エコール・デ・ボザールU.P.6および古建築歴史・保存高等研究センター在学（仏政府給費留学生）。

横浜国立大学教授、同大学院教授を経て現在、同大学名誉教授。工学博士。

著書　『日本の盛期モダニズム建築像』（王国社）
『日本の初期モダニズム建築家』（王国社）
『鎌倉近代建築の歴史散歩』（港の人）
『日本のアール・デコ建築物語』（王国社）
『日本のアール・デコの建築家』（王国社）
『日本のアール・デコ建築入門』（王国社）
『図説アール・デコ建築』（河出書房新社）
『西洋建築史』（森北出版）
『アール・デコの建築』（中公新書）
『トニー・ガルニエ「工業都市」注解』（中央公論美術出版）
『オーギュスト・ペレ』（鹿島出版会）
『トニー・ガルニエ』（鹿島出版会）
『オーダーの謎と魅惑』（彰国社）　ほか
訳書　N.ペヴスナー『十九世紀の建築著述家たち』（中央公論美術出版）
P.A.ミヒェリス『建築美学』（南洋堂出版）　ほか

オーギュスト・ペレとはだれか

2020年7月30日　初版発行

著　者――吉田鋼市　
発行者――山岸久夫
発行所――王　国　社
〒270-0002　千葉県松戸市平賀152-8
tel 047(347)0952　　fax 047(347)0954
郵便振替　00110-6-80255
印刷　三美印刷　　製本　小泉製本
写真――吉田鋼市
装幀・構成――水野哲也（Watermark）

ISBN 978-4-86073-071-0　*Printed in Japan*

王国社の建築書

ル・コルビュジエとはだれか	磯崎　新	世界的建築家のコルビュジエ体験の真髄と愛着を集成。	1850
日本のアール・デコ建築入門	吉田鋼市	大正・昭和戦前期に、日本のアール・デコ建築は開花。	1800
日本のアール・デコの建築家	吉田鋼市	渡辺仁から村野藤吾まで―現存する建築の見所を解明。	1800
日本のアール・デコ建築物語	吉田鋼市	アール・デコをつくる基盤となった人々と社会の物語。	1800
日本の初期モダニズム建築家	吉田鋼市	大正昭和戦前期に活躍した建築家達の発見的記述の旅。	1800
日本の盛期モダニズム建築像	吉田鋼市	戦後成熟度を高めた建築の大胆な造形を熱く分析する。	1800
構造デザイン講義	内藤　廣	建築と土木に通底するもの。東京大学における講義集成。	1900
環境デザイン講義	内藤　廣	東京大学講義集成第二弾―環境を身体経験から捉える。	1900
形態デザイン講義	内藤　廣	東京大学講義集成第三弾―使われ続ける形態とは何か。	1900

数字は本体価格です。